영어 고전 명작 필사

영어 고전 명작 필사

지은이 류영숙
펴낸이 임상진
펴낸곳 (주)넥서스

초판 1쇄 발행 2025년 5월 1일
초판 4쇄 발행 2025년 8월 15일

출판신고 1992년 4월 3일 제311-2002-2호
10880 경기도 파주시 지목로 5
Tel (02)330-5500 Fax (02)330-5555

ISBN 979-11-94643-03-6   13740

출판사의 허락 없이 내용의 일부를
인용하거나 발췌하는 것을 금합니다.
저자와의 협의에 따라서 인지는 붙이지 않습니다.

가격은 뒤표지에 있습니다.
잘못 만들어진 책은 구입처에서 바꾸어 드립니다.

www.nexusbook.com

Classic Literature
영어 고전 명작 필사

— 오랫동안 사랑받은 인생 명문장 —

류영숙 지음

일러두기

1. 영어 번역본이 두 개 이상 있는 경우는 좀 더 쉽거나 현대적인 문체의 번역본을 선택했다.
2. 친숙한 책 제목은 원래의 제목과 달라도 그대로 사용했다. 번역본의 제목이 모두 다르거나 번역본이 존재하지 않는 경우는 번역해서 넣었다.
3. 고유 명사나 특정 명사도 익숙한 명칭을 우선하여 사용했다.
4. 원문에서 대문자로 쓰거나 이탤릭체로 쓴 부분은 그대로 두었다.
5. 콜론(colon)과 세미콜론(semicolon)도 원문 그대로 두었다. 요즘에 쓰는 방식과 다른 경우가 있다. 읽거나 필사할 때는 이 점을 염두에 두는 것이 좋다.
6. 예전에 두 단어로 쓰거나 하이픈을 사용했던 단어는 혼란을 피하기 위해 수정해서 넣었다. (예시: for ever → forever, to-morrow → tomorrow)
7. 벤저민 프랭클린 자서전에 자주 나오는 어퍼스트로피도 수정했다. (예시: repair'd → repaired, thro' → through)
8. 시는 수정 없이 원문 그대로 옮겼다.
9. 요즘에 잘 안 쓰는 영어 표현은 단어 설명에서 간단히 언급해 두었다.

When you are old and grey and full of sleep,
And nodding by the fire, take down this book,
And slowly read, and dream of the soft look
Your eyes had once, and of their shadows deep;

―〈The Rose〉 by W.B. Yeats, an excerption from "When You Are Old"

그대 나이 들어 머리가 희어지고 졸음이 많아져서,
불가에 앉아 졸게 되면 이 책을 꺼내 들고,
천천히 읽으며 그대의 눈이 한때 지녔던
부드러운 눈빛과 그 깊은 그림자를 꿈꾸라.

―〈장미〉 W.B. 예이츠, "그대가 나이 들었을 때" 중에서

Preface

독자분들께 전해 드릴 좋은 영어 인용문을 고르고 우리말로 옮기는 과정은 저에게 매우 의미 있는 시간이었습니다. 좋은 문장을 골라내려면 고전을 더 집중해서 읽어야 했습니다. 고른 문장이 다른 사람들의 마음에도 울림이 있을지 그 의미를 여러 번 곱씹어 생각해 보는 시간도 필요했습니다. 문장을 들여다보며 생각한 시간만큼 제가 성장해 있음을 깨닫게 되었어요.

영어와 우리말에 대한 이해도 더 깊어졌습니다. 영어를 우리말로 옮기려면 두 언어 사이를 오가며 여러 번 생각해야 했고 그 과정을 거쳐야 비로소 문장이 만들어졌습니다. 딱 맞는 우리말 표현을 찾기 위해 고군분투해야 했습니다. 평소에 알고 있던 영어 표현의 의미도 더 신중하게 알아봐야 했습니다.

저에게 고전은 인간에 대한 치열한 탐구의 기록으로 다가왔습니다. 인간의 본성이 어떠한지, 인간의 심리는 어떻게 움직이는지, 언어란 인간에게 어떤 의미인지, 인간이 삶의 역경을 어떻게 이겨 내고 성장하는지 혹은 어떻게 무너져 내리는지, 인간으로서 중요하게 생각해야 할 삶의 가치가 무엇인지 등에 대해 계속해서 말을 걸어 오고 생각하게 만들었습니다.

이 책에 담긴 영어 문장을 하루하루 필사해 나가는 동안 그 의미들이 어느새 가까이 다가와 있을 겁니다. 문장을 손으로 직접 써 보고 그 의미를 생각해 보는 데 들인 시간만큼, 사고의 깊이도 영어에 대한 이해도 날마다 조금씩 더 성장해 나가실 거라고 믿습니다. 제가 그랬던 것처럼요.

여러분의 성장을 설레는 마음으로 기대하며 응원합니다.

류영숙

Features

사랑의 속성

내 인생 이야기 — 헬렌 켈러

Miss Sullivan put her arm gently round me and spelled into my hand, "I love Helen." "What is love?" I asked. She drew me closer to her and said, "It is here," pointing to my heart, whose beats I was conscious of for the first time.

—<The Story of My Life> by Helen Keller, Chapter 6

...

설리번 선생님은 한 팔로 나를 살며시 감싸안고, 내 손바닥에 "나는 헬렌을 사랑한대"라고 쓰셨다. "사랑이 뭐예요?" 내가 물었다. 선생님은 나를 자기 쪽으로 더 가까이 끌어당기시더니 내 심장을 가리키며 "그건 여기에 있단다"하고 말씀하셨다. 내 심장의 박동을 나는 처음으로 느꼈다.

—<내 인생 이야기> 헬렌 켈러, 6장

gently 살며시   spell 철자를 쓰다, 말하다   draw 끌어당기다   beat 심장 박동
be conscious of ~을 의식하다, 알아차리다

> 고전 명작이 전하는 10가지 주제의 인생의 메시지를 마음으로 되새기며 영어 문장을 따라 써 보세요.

> 우리말 번역도 수록되어 있으니 함께 필사해 보세요.

> 영어 문장에 나오는 주요 단어를 정리하였습니다. 필사와 함께 영어 학습도 함께 해 보세요.

사랑, 그건 여기에 있단다.

작가이자 사회 운동가로 활동했던 헬렌 켈러(1880-1968, 미국)의 자서전으로 1903년에 출간되었다. 어린 시절 질병으로 시각과 청각을 모두 잃게 된 헬렌 켈러가 앤 설리번(Anne Sullivan) 선생님을 만나 언어와 세상을 배우고 자신의 한계를 극복해 나가는 과정을 담았다. 장애를 극복하고 자신에 대한 믿음을 키워 나가는 모습의 감동을 주는 작품이다. 특히 언어를 배워 가는 과정이 흥미롭다. 이 인용문은 설리번 선생님의 설명으로 헬렌이 사랑이라는 추상적인 개념을 처음 이해하게 되는 장면이다.

> 작품 해설을 간략히 정리해 놓았습니다. 작품과 인용문이 어떤 의미를 갖는지 이해하며 필사해 보세요.

Contents

PART 01 사랑

사랑의 속성
- 내 인생 이야기 · 사랑, 그건 여기에 있단다. … 18
- 독일인의 사랑 · 꽃이 햇빛 없이 피어날 수 없듯, 인간은 사랑 없이 살 수 없다. … 20
- 예언자 · 사랑이 우리를 이끈다. … 22

설레는 사랑의 기억
- 젊은 베르테르의 슬픔 · 그녀가 내 모든 감각을 사로잡았다고만 말할 수 있을 뿐. … 24
- 별 · 나는 스무 살이었고 그녀는 아름다웠다. … 26

부부간의 사랑
- 예언자 · 함께 서 있으라, 하지만 너무 가까이 서 있지는 말라. … 28
- 크리스마스 선물 · 당신을 향한 내 사랑은 헤아릴 수 없어요. … 30
- 크리스마스 선물 · 난 당신 빗을 살 돈을 마련하느라 시계를 팔았거든. … 32

이성에 만하는 사랑
- 독일인의 사랑 · 당신을 사랑하는 이유를 내게 묻는다면. … 34
- 벚꽃 동산 · 당신 때문에 내가 바닥에 가라앉는다고 해도. … 36
- 위대한 유산 · 모든 상황과, 있을 수 있는 모든 좌절에도 불구하고. … 38

운명 같은 사랑
- 제인 에어 · 나는 처음 진심으로 사랑할 수 있는 것을 찾았어요. … 40
- 폭풍의 언덕 · 그의 영혼과 나의 영혼은 같아. … 42
- 포르투갈인의 소네트 14 · 오직 사랑만을 위해서 사랑해 주세요. … 44

PART 02 인간

인간의 심리
- 주홍 글씨 · 인간의 마음은 이성이 아니라 감성으로 움직인다. … 48

이반 일리치의 죽음 · 가장 깊은 고통 속에서, 우리는 공감과 위로를 원한다.   50
톰 소여의 모험 · 인간은 금지된 것에 더 끌린다.   52

인간의 이중성

지킬 박사와 하이드 씨 · 인간의 본성은 하나가 아니라 둘이다.   54
프랑켄슈타인 · 인간의 본성은 선한가, 악한가.   56

인간과 고난

1984 · 인간은 적이 아니라 자신의 몸과 싸운다.   58
작은 아씨들 · 폭풍이 온다 해도 두렵지 않아.   60
노인과 바다 · 고난 앞에서 인간은 파멸될지라도 패배하지는 않는다.   62

인간과 노동

제인 에어 · 인간은 활동할 거리가 주어지지 않으면 스스로 만들어 낸다.   64
벚꽃 동산 · 미래가 어떠할지 알아내고자 하는 사람들을 도와야 한다.   66
벤저민 프랭클린 자서전 · 사람은 일을 할 때 가장 만족해한다.   68

인간의 정체성에 대한 탐구

동물 농장 · 인간은 생산하지 않고 소비만 하는 유일한 동물이다.   70
변신 · 이렇게 음악 소리에 감동을 느끼는 자도 짐승이란 말인가?   72
프랑켄슈타인 · 나는 괴물이었습니까, 지구 위의 얼룩이었습니까?   74

PART 03 삶

삶의 이중성

여자의 일생 · 인생은 우리가 생각하는 것만큼 좋지도 나쁘지도 않아요.   78
젊은 베르테르의 슬픔 · 행복의 원천이 고통의 근원도 되어야만 하는 것인가.   80
목걸이 · 사소한 일 하나가 삶을 얼마나 달라지게 하는지.   82

삶과 운명

독일인의 사랑 · 아무도 그 거대한 난파의 모습을 본 적이 없다.   84
주홍 글씨 · 숙명은 운명의 힘을 지닌다.   86

삶과 죽음

예언자 · 삶과 죽음은 한몸이다. 88
벚꽃 동산 · 아흔 다섯 가지 감각은 살아남는 것일 수도. 90
변신 · 죽음마저도 외로웠다. 92

삶의 의미 찾기

80일간의 세계 일주 · 그는 이 모든 수고 끝에 무엇을 얻었을까. 94
키다리 아저씨 · 매 순간을 즐기면서 내가 즐기고 있다는 것을 알 거예요. 96
키다리 아저씨 · 저는 작은 행복을 많이 쌓기로 결심했어요. 98

삶을 대하는 태도

빨간 머리 앤 · 세상일을 모두 알고 있다면 흥미롭지 않으니까. 100
곰돌이 푸 · 난 오늘 무슨 신나는 일이 생길까 궁금해. 102
노인과 바다 · 지금 가진 것으로 뭘 할 수 있는지가 더 중요한 거야. 104

PART 04 관계

새로운 관계의 시작, 결혼

여자의 일생 · 그녀는 자신의 기대가 실현되려는 순간에 있었다. 108
오만과 편견 · 결혼 생활의 행복은 전적으로 운에 달려 있다. 110

타인과의 관계

80일간의 세계 일주 · 마찰을 피하기 위해 고립을 택하다. 112
프랑켄슈타인 · 인간에게 사랑을 일깨워 줄 수 없다면 두려움을 일으켜 주겠소. 114
외투 · 권위는 사람을 균형 잃게 만든다. 116
도리언 그레이의 초상 · 남의 입에 오르내리는 일보다 더 나쁜 건 오르내리지 않는 것이다. 118
프랑켄슈타인 · 어떻게 해야 당신의 마음을 움직일 수 있을까? 120

자기 자신과 건강한 관계 맺기

월든 · 자신만의 속도로 삶을 살아가라. 122
빨간 머리 앤 · 내 안에는 아주 여러 가지 모습의 앤이 들어 있나 봐. 124
월든 · 우리는 자신과 서로를 좀 더 섬세하게 다룰 필요가 있다. 126

빨간 머리 앤 · 한 사람이 저지르는 실수에는 분명 한계가 있을 거야.   128

이별

굿바이, 미스터 칩스 · 이별 후에도 마음속에 새겨진 기억은 영원하다.   130
예언자 · 이별은 상대방을 더 깊이 알게 해 준다.   132
작은 아씨들 · 이별 후에야 더 크게 느껴지는 존재가 있다.   134

PART 05 내면의 힘

용기

오즈의 마법사 · 나 자신이 겁쟁이라는 사실을 아는 한, 나는 불행할 거야.   138
오만과 편견 · 저를 겁주려 할 때마다 저는 용기가 솟아오른답니다.   140
적과 흑 · 갈 길을 계속 가라, 못된 가시들은 그 자리에 내버려두고.   142

자존감

데미안 · 너의 모습 그대로, 너답게 살아가라.   144
제인 에어 · 외로울수록 나 자신을 더 보살필 거야.   146
자기만의 방 · 진정한 가치는 남의 평가가 아니라 자신으로부터 비롯된다.   148

굳건한 자아 정체성

인형의 집 · 나도 당신처럼 이성적인 인간이에요.   150
제인 에어 · 저는 독립적인 의지를 지닌 자유로운 인간이에요.   152

역경을 이겨내는 힘

적과 흑 · 의무감은 폭풍 속에서도 견디는 힘이 된다.   154
키다리 아저씨 · 인생이라는 게임에서 승패와 관계없이 어깨를 으쓱하며 웃을 겁니다.   156
빨간 머리 앤 · 즐겁게 생각하자고 마음을 먹으면 거의 그렇게 할 수 있거든요.   158

삶에 대한 희망과 의지

마지막 잎새 · 작은 희망으로도 삶은 다시 피어난다.   160
위대한 개츠비 · 끊임없이 과거로 떠밀려 가면서도 계속해서 앞으로.   162
외투 · 우리에게는 누구나 자신만의 외투가 있다.   164

PART 06 성공

성공하는 삶의 습관

노인과 바다 • 정확함이 습관이 되면 행운도 찾아온다. 168
벤저민 프랭클린 자서전 • 독서는 나 자신에게 허락한 유일한 오락이었다. 170
앤드루 카네기 자서전 • 성공의 비결은 한 바구니에 담긴 좋은 달걀들을 지켜보는 것이다. 172
자기만의 방 • 돈을 벌고 자신만의 방을 가져라. 174

성공하는 생각 습관

부를 얻는 과학 • 원하는 것을 얻기 위한 생각 사용법. 176
앤드루 카네기 자서전 • 사소한 것이 때로는 거대한 변화를 만든다. 178
사람이 생각하는 대로 • 위대한 목표를 품지 못했다면 우선 지금 맡은 일에 집중하라. 180
월든 • 아침은 내가 깨어 있고 내 안에 새벽이 있는 시간이다. 182

성공하는 사회생활

소공녀 • 분노보다 더 강한 건 분노를 억제하는 힘이야. 184
벤저민 프랭클린 자서전 • 좋은 평판을 얻기 위해 노력하라. 186
벤저민 프랭클린 자서전 • 공로는 언젠가 제 주인을 찾기 마련이다. 188

성공하는 인간관계

피그말리온 • 숙녀와 꽃 파는 소녀의 차이는 대우받는 방식이에요. 190
위대한 개츠비 • 누군가를 비판하고 싶어질 땐 이 말을 떠올려라. 192
벤저민 프랭클린 자서전 • 상대가 나에게 친절을 베풀게 하라. 194

PART 07 성장

아이에서 어른으로

피터 팬 • 언젠가는 모두 어른이 된다. 198
독일인의 사랑 • 우리는 모두 이 고요한 경이의 숲을 거닐어 보았다. 200
도리언 그레이의 초상 • 아이들은 부모를 사랑하고, 비판하고, 용서한다. 202
피터 팬 • 아이들은 모두 이렇게 어른이 되어 간다. 204

만남을 통한 성장

내 인생 이야기 · 삶의 전환점이 되는 만남, 어둠에서 빛으로.   206
내 인생 이야기 · 처음에 나는 가능성을 지닌 작은 존재에 불과했습니다.   208

고난 뒤의 성장

위대한 유산 · 시련은 다른 모든 가르침보다 강하다.   210
내 인생 이야기 · 참된 지식을 얻고자 하면 홀로 고난의 언덕을 올라야 한다.   212
죄와 벌 · 인간은 실수를 통해 성장한다.   214

성찰을 통한 성장

자기만의 방 · 글을 쓰고, 여행하고, 사색하라.   216
데미안 · 새는 알을 깨고 나온다.   218
데미안 · 너는 네 안에 있는 목소리에 귀를 기울여야 해.   220

언어 사용과 성장

피그말리온 · 새로운 언어는 새로운 사람을 만든다.   222
마지막 수업 · 언어는 민족의 정체성과 자유를 지키는 열쇠이다.   224

PART 08 지혜

삶을 대하는 지혜

독일인의 사랑 · 사랑했음에, 그리고 그 사랑을 잃었음에도 감사하라.   228
빨간 머리 앤 · 꿈이 있다는 건 정말 즐거운 일이야.   230
노인과 바다 · 어려움이 닥치면 그때 맞서 싸우면 돼.   232
독일인의 사랑 · 잃어버린 시간은 잃어버린 영원과도 같다.   234

생각의 지혜

비밀의 화원 · 장미를 가꾸는 곳에 엉겅퀴는 자랄 수 없다.   236
월든 · 내가 생각하는 모습대로 살게 된다.   238
사람이 생각하는 대로 · 사람의 마음은 정원과도 같다.   240
데미안 · 우리 안에 없는 것은 우리를 움직이지 않는다.   242

언어의 지혜

부를 얻는 과학 · 말에는 힘이 있다. 244
비밀의 화원 · 마법은 긍정적인 말을 하는 것으로부터 시작된다. 246
벤저민 프랭클린 자서전 · 잦은 논쟁은 나쁜 습관으로 발전하기 쉽다. 248

분별의 지혜

오만과 편견 · 허영과 오만은 다르다. 250
죄와 벌 · 정직한 말보다 어려운 일은 없고, 아첨하는 것만큼 쉬운 일도 없다. 252
1984 · 역사 속에 포함된 거짓은 진실이 된다. 254

PART 09 감정

행복

벤저민 프랭클린 자서전 · 인간은 일상의 작은 이익에서 더 큰 행복을 느낀다. 258
오즈의 마법사 · 행복해지기 위해 필요한 것은. 260
키다리 아저씨 · 행복한 사람들은 친절함으로 넘쳐 난다. 262
젊은 베르테르의 슬픔 · 모든 소망과 행복은 그녀와의 만남으로부터. 264

슬픔과 외로움

폭풍의 언덕 · 당신이 이 세상에 없다는 사실은 슬픔보다 더한 심연. 266
크리스마스 선물 · 인생은 훌쩍거릴 때가 더 많다고 느껴졌다. 268
프랑켄슈타인 · 나는 외롭고 혐오받는 존재입니다. 270
프랑켄슈타인 · 나와 공감할 수 있는 사람, 나의 동반자가 필요해요. 272
마지막 잎새 · 가장 외로운 건 알 수 없는 먼 곳으로 떠나려는 영혼이다. 274

욕망과 자만심

투명 인간 · 욕망의 끝은 또 다른 욕망일 뿐이다. 276
톰 소여의 모험 · 얻기 어려울수록 더 욕망한다. 278
벤저민 프랭클린 자서전 · 자만심은 아무리 애를 써도 쉽게 사라지지 않는다. 280

그리움과 열정

키다리 아저씨 · 장소는 사람을 떠올리게 한다. 282

외투 · 열정적으로 일했을 뿐 아니라 사랑으로 일했습니다. 284

PART 10 영감의 원천

글
자기만의 방 · 소설은 우리 안에서 대립하고 상반되는 감정을 불러일으킨다. 288
월든 · 글은 인간의 삶과 가장 가까운 예술이다. 290
적과 흑 · 소설은 길을 비추는 거울일 뿐이다. 292
첫사랑 · 시는 현실보다 더 진실하다. 294

그림
마지막 잎새 · 생의 마지막 걸작, 위대한 희생이 되다. 296
도리언 그레이의 초상 · 화가는 자기 자신을 그린다. 298

자연
별 · 그 별들 중 가장 아름답고 빛나는 별 하나. 300
벚꽃 동산 · 삶과 죽음을 품은 경이로운 자연이여. 302

상상력
그리스 항아리에 부치는 노래 · 들리지 않는 멜로디는 더 감미롭다. 304
파랑새 · 아이들의 입맞춤은 어머니의 눈물을 반짝이는 별로 바꾼다. 306
피터 팬 · 아이들의 상상력 없이는 존재할 수 없는 것들이 있다. 308
순수의 전조 · 한 순간 속에 영원을 품어라. 310

Part 01

사랑

사랑의 속성

내 인생 이야기 헬렌 켈러

Miss Sullivan put her arm gently round me and spelled into my hand, "I love Helen." "What is love?" I asked. She drew me closer to her and said, "It is here," pointing to my heart, whose beats I was conscious of for the first time.

—<The Story of My Life> by Helen Keller, Chapter 6

설리번 선생님은 한 팔로 나를 살며시 감싸안고, 내 손바닥에 "나는 헬렌을 사랑해."라고 쓰셨다. "사랑이 뭐예요?" 내가 물었다. 선생님은 나를 자기 쪽으로 더 가까이 끌어당기시더니 내 심장을 가리키며 "그건 여기에 있단다." 하고 말씀하셨다. 내 심장의 박동을 나는 처음으로 느꼈다.

—<내 인생 이야기> 헬렌 켈러, 6장

gently 살며시   spell 철자를 쓰다, 말하다   draw 끌어당기다   beat 심장 박동
be conscious of ~을 의식하다, 알아차리다

사랑, 그건 여기에 있단다.

작가이자 사회 운동가로 활동했던 헬렌 켈러(1880~1968, 미국)의 자서전으로 1903년에 출판되었다. 어린 시절 질병으로 시각과 청각을 모두 잃게 된 헬렌 켈러가 앤 설리번(Anne Sullivan) 선생님을 만나 언어와 세상을 배우고, 자신의 한계를 극복해 나가는 과정을 담았다. 장애를 극복하고 지식에 대한 열망을 키워 나가는 모습이 감동을 주는 작품이다. 특히 언어를 배워 가는 과정이 흥미롭다. 이 인용문은 설리번 선생님의 설명으로 헬렌이 사랑이라는 추상적인 개념을 처음 이해하게 되는 장면이다.

사랑의 속성

독일인의 사랑 막스 뮐러

We learn to stand and to walk, to speak and to read, but no one teaches us love. It is inherent in us like life, they say, and is the very deepest foundation of our existence. As the heavenly bodies incline to and attract each other, and will always cling together by the everlasting law of gravitation, so heavenly souls incline to and attract each other, and will always cling together by the everlasting law of love. A flower cannot blossom without sunshine, and man cannot live without love.

—<Memories: A Story of German Love> by Max Müller,
translated by George P. Upton, Second Memory

...

우리는 일어서고 걷는 법, 말하고 읽는 법은 배우지만 아무도 우리에게 사랑을 가르쳐 주지 않는다. 사랑은 생명처럼 우리 안에 내재되어 있으며 우리 존재의 가장 근원이 되는 토대라고 한다. 천체가 서로를 향해 기울고 서로를 끌어당기며 영원한 중력의 법칙에 따라 항상 함께 있듯이, 천상의 영혼들도 서로를 향해 기울고 서로를 끌어당기며 영원한 사랑의 법칙에 따라 항상 함께할 것이다. 꽃은 햇빛 없이 피어날 수 없고, 인간은 사랑 없이 살 수 없다.

—〈독일인의 사랑〉 막스 뮐러 지음, 조지 P. 업튼 번역, 두 번째 회상

inherent 내재된   foundation 토대, 밑바탕   heavenly body 천체   incline to ~에 끌리다
cling 달라붙다   everlasting 영원한   law of gravitation 중력의 법칙

꽃이 햇빛 없이 피어날 수 없듯, 인간은 사랑 없이 살 수 없다.

독일 출신의 막스 뮐러(1823-1900)는 영국으로 귀화한 영국의 학자이다. 아버지는 독일의 낭만주의 시인 빌헬름 뮐러(Wilhelm Müller, 1794-1827)이며 그의 시는 슈베르트의 가곡 <아름다운 물방앗간의 처녀>와 <겨울 나그네>의 노랫말이 되었다. 막스 뮐러의 주요 저술 활동은 언어학, 철학, 종교 연구에 집중되어 있었다. <독일인의 사랑(1857)>은 그가 남긴 유일한 소설이며 철학적이고 낭만적인 사랑 이야기를 담고 있다. 사랑은 배워서 아는 것이 아니라 생명처럼 우리 안에 깃들어 있으며, 태양 없이는 꽃이 피지 못하듯 사람도 사랑 없이 살아갈 수 없다고 막스 뮐러는 말한다.

사랑의 속성

예언자 칼릴지브란

And think not you can direct the course of love, for love, if it finds you worthy, directs your course.

—<The Prophet> by Kahlil Gibran, On Love

...

또한 그대들이 사랑의 길을 인도할 수 있으리라 생각지 말라. 사랑이, 그대들을 합당하다 여기면, 그대들의 길을 인도할 것이니.

—<예언자> 칼릴 지브란, 사랑에 관하여

think not 생각지 말라(do not think)   direct 지시하다, 인도하다   for ~이므로
worthy 합당한, 가치 있는

사랑이 우리를 이끈다.

칼릴 지브란(1883-1931)은 레바논 태생의 미국 이민자이며 시인이자 화가이다. 그의 대표작 <예언자(1923)>는 영어로 쓰고 그림을 그려 완성한 작품으로 스무 살부터 20년간 구상하여 세상에 내놓은 것으로도 유명하다. 결혼, 자녀들, 우정, 죄와 벌, 시간, 죽음 등 삶의 여러 측면에 대한 통찰을 담고 있는 산문시로, 가상의 예언자 알무스타파(Almustafa)가 한 도시를 떠나기 전, 시민들의 다양한 질문에 답하는 방식으로 되어 있다. 인용한 부분은 사랑의 본질과 사랑이 가진 힘에 대해 설명하는 내용이다. 사랑은 내 뜻대로 조종하는 것이 아니고 우리가 사랑받을 자격이 있을 때, 혹은 사랑의 길을 갈 준비가 되면 사랑이 우리를 이끈다는 의미를 담고 있다.

설레는 사랑의 기억

젊은 베르테르의 슬픔   요한 볼프강 폰 괴테

An angel! Nonsense! Everybody so describes his mistress; and yet I find it impossible to tell you how perfect she is, or why she is so perfect: suffice it to say she has captivated all my senses.

—<The Sorrows of Young Werther> by Johann Wolfgang von Goethe, translated by R.D. Boylan, from a letter of June 16

천사라니! 말도 안 돼! 누구나 자기가 사랑하는 여인을 그렇게 묘사하지. 그렇지만 나는 그녀가 얼마나 완벽한지, 왜 그렇게 완벽한지 도저히 말로 표현할 수 없어. 그저 그녀가 내 모든 감각을 사로잡았다고만 말할 수 있을 뿐이야.

—<젊은 베르테르의 슬픔> 요한 볼프강 폰 괴테 지음, R.D. 보일런 번역, 6월 16일 편지 중에서

mistress 사랑하는 여인   suffice 충분하다   captivate 마음을 사로잡다

그녀가 내 모든 감각을 사로잡았다고만 말할 수 있을 뿐.

<젊은 베르테르의 슬픔(1774)>은 다른 남성의 약혼녀인 샤를로테 부프를 짝사랑한 괴테(1749-1832, 독일) 자신의 경험과 유부녀를 짝사랑하다 목숨을 끊은 지인의 이야기를 바탕으로 6주 만에 완성된 소설이다. 결국 사랑을 이루지 못한 채 비극적인 결말을 맞게 되는 이 작품이 세상에 나온 지 250년이 넘었음에도 여전히 사람들의 마음을 움직이는 이유가 무엇일까? 이 소설을 발표할 당시 25살이었던 괴테가 사랑하는 여인을 묘사한 이 장면에서 그 답을 찾을 수 있을지도 모르겠다. 사랑하는 사람 앞에서 모든 감각이 흔들리고 말로 다 표현할 수 없는 경이로운 감정을 느끼는 인간의 모습은 지금도 같은 모습으로 존재하며 앞으로도 그러할 것이다.

별 알퐁스 도데

I made them tell me all the news of the world down below, the baptisms, the marriages, etc.; but that which interested me above all was to know what the daughter of my master was about, our Demoiselle Stephanette, the prettiest young lady in all the country round. Without seeming to take great interest, I managed to find out when she went to fétes and dances, and whether she had new lovers; and if others asked me what such things mattered to me, a poor shepherd on a mountain, I answered that I was twenty years old, and that Mademoiselle Stephanette was the loveliest thing I had ever seen in my life.

—<The Stars> by Alphonse Daudet,
translated by Katharine Prescott Wormeley

나는 그들에게 산 아래 세상의 온갖 소식을 들려 달라고 했다. 세례식, 결혼식 등의 이야기들을. 하지만 무엇보다도 가장 관심을 가졌던 건 내 주인의 따님 우리 스테파네트 아가씨, 이 고장 전체에서 가장 예쁜 그 아가씨가 어떻게 지내는가 하는 거였다. 겉으로는 별로 관심 없는 척하면서, 나는 그녀가 언제 축제와 무도회에 가는지, 새 연인이 생겼는지를 겨우 알아냈다. 그리고 사람들이 보잘것없는 산 양치기인 나에게 그런 것들이 무슨 상관이냐고 물어 오면, 나는 대답했다. 내 나이 스무 살이었고, 스테파네트 아가씨는 내가 평생 본 중에 가장 사랑스러운 존재였다고.

—<별>알퐁스 도데 지음, 캐서린 프레스콧 워믈리 번역

above all 무엇보다, 특히   Demoiselle 아가씨(옛날 프랑스어에서 미혼 여성을 높여 부르던 말)
manage to 간신히 ~하다   fétes 축제   matter to ~에게 중요하다

나는 스무 살이었고 그녀는 아름다웠다.

알퐁스 도데(1840-1897, 프랑스)는 프로방스 지방을 배경으로 자연에 대한 묘사와 서민 생활의 애환 등을 따뜻하고 감성적인 시각으로 그려 내는 작품을 많이 썼다. 시집도 내고 장편 소설도 출간했지만 우리에게는 단편 소설 작가로 더 친숙하다. <별>은 <풍차방앗간의 편지(1869)>라는 단편집에 실린 작품이다. 비제가 작곡해서 유명해진 <아를의 여인>도 이 단편집에 들어 있다. 스무 살의 풋풋하고 아름다운 감정을 담아낸 이 구절은 사랑하고 있는 이에게는 공감을, 사랑해 본 적 있는 이에게는 추억을 떠올리게 한다.

부부간의 사랑

예언자 칼릴지브란

Give your hearts, but not into each other's keeping.
For only the hand of Life can contain your hearts.
And stand together yet not too near together:
For the pillars of the temple stand apart,
And the oak tree and the cypress grow not in each other's shadow.

—<The Prophet> Kahlil Gibran, On Marriage

. . .
서로에게 마음을 주어라, 그러나 서로 소유하려 하지는 말라.
오직 생명의 손길만이 그대들의 마음을 품을 수 있으니.
함께 서 있으되 너무 가까이 함께 있지는 말라.
사원의 기둥들도 서로 떨어져 서 있고,
참나무와 사이프러스 나무도 서로의 그늘에서는 자랄 수 없으니.

—<예언자> 칼릴 지브란, 결혼에 관하여

into each other's keeping 서로의 소유로 만드는   Life 삶의 근원적인 존재   contain ~을 담고 있다
pillar 기둥   temple 사원   apart 따로 떨어져서   shadow 그림자, 그늘

함께 서 있으라, 하지만 너무 가까이 서 있지는 말라.

칼릴 지브란은 함께하면서도 각자의 존재를 존중하고 독립적으로 성장하는 것이 진정한 결혼의 의미라고 말한다. 이 인용문 외에도, 부부가 함께 있으되 거리를 두라는 의미로 든 비유들이 아름답다. '하늘 바람이 둘 사이에서 춤추게 하라', '두 영혼의 해안 사이에 넘실거리는 바다를 두어라', '하나의 음악을 연주하면서도 제각기 떨어져 있는 류트(현악기의 일종)의 줄들처럼'. 친밀한 사이일수록 거리를 유지하기가 얼마나 어려운지 우리는 경험으로 알고 있다. 칼릴 지브란이 들려주는 이 아름다운 비유들을 읽고 나면 그 거리를 지켜 내는 일이 좀 더 수월해질지도 모르겠다.

크리스마스 선물   오헨리

"You say your hair is gone?" he said, with an air almost of idiocy. "You needn't look for it," said Della. "It's sold, I tell you—sold and gone, too. It's Christmas Eve, boy. Be good to me, for it went for you. Maybe the hairs of my head were numbered," she went on with a sudden serious sweetness, "but nobody could ever count my love for you."

—〈The Gift of the Magi〉 by O. Henry

...

"당신 머리카락이 없다는 말이야?" 그는 얼빠진 듯한 표정으로 말했다.
"찾아볼 필요 없어," 델라가 말했다. "정말 팔았다니까, 팔아서 없단 말이야. 오늘은 크리스마스 이브잖아, 자기. 화내지 마. 당신을 위해서 판 거니까. 내 머리카락 수는 헤아릴 수 있었을지 모르지," 그녀는 갑자기 진지하고 다정한 목소리로 말을 이었다. "하지만 그 누구도 당신에 대한 내 사랑은 절대 헤아릴 수 없어."

—〈크리스마스 선물〉 오 헨리

air 태도, 분위기, 인상   idiocy 바보, 어리석음   I tell you 정말 ~라니까

당신을 향한 내 사랑은 헤아릴 수 없어요.

오 헨리(1862-1910)는 필명이고 본명은 윌리엄 시드니 포터(William Sydney Porter)이다. 횡령죄로 복역 중에 작품 활동을 시작하여 출감 후 본격적인 작가의 길로 들어섰다. 정확한 개수를 파악하기 어려울 정도로 수백 편의 단편을 남겼다. 짧고 간결한 문체와 따뜻한 감성, 그리고 마지막에 반전을 선사하며 마무리되는 것이 특징이다. 미국 단편 소설의 거장으로 평가받고 있으며, 그의 이름을 딴 오 헨리 단편문학상(O. Henry Award)은 1919년부터 지금까지 이어져 오고 있다. <크리스마스 선물(1906)>은 젊고 가난한 부부가 서로를 위해 가장 소중한 것을 희생하며 사랑을 표현하는 이야기이다.

크리스마스 선물 오헨리

"Isn't it a dandy, Jim? I hunted all over town to find it. You'll have to look at the time a hundred times a day now. Give me your watch. I want to see how it looks on it."
Instead of obeying, Jim tumbled down on the couch and put his hands under the back of his head and smiled.
"Dell," said he, "let's put our Christmas presents away and keep them a while. They're too nice to use just at present. I sold the watch to get the money to buy your combs."

—<The Gift of the Magi> by O. Henry

"멋있지 않아, 짐? 이걸 찾으려고 온 시내를 돌아다녔어. 이제 당신은 하루에 백 번은 시간을 봐야 될 거야. 당신 시계 줘 봐. 어울리는지 보고 싶어."
그녀의 말을 따르지 않고, 짐은 소파에 털썩 앉아 두 손을 머리 뒤로 하고 미소 지었다.
"델," 그가 말했다. "우리 크리스마스 선물 잠시 치워 두자. 너무 좋은 거라서 지금 당장은 못 쓰겠어. 난 당신 빗을 살 돈을 마련하느라 시계를 팔아 버렸거든."

—<크리스마스 선물> 오 헨리

dandy 멋진 것, 근사한 것   **hunt** 힘들게 찾다   **just at present** 지금 당장은, 당분간은

난 당신 빗을 살 돈을 마련하느라 시계를 팔았거든.

델라에게 선물할 빗을 사느라 팔았던 짐의 시계는 할아버지 때부터 물려받은 금시계였다. 빗을 사는 데 금시계까지 팔 일인가 의아하게 생각할 수도 있는데, 델라가 가지고 싶어 했던 건 값비싼 장식용 머리빗이었다. 거북이 등껍질(tortoise shell)로 만들어졌고 보석이 박힌 테두리(jewelled rim)로 장식된 빗 세트라고 나온다. 길고 풍성한 머리카락을 장식하는 데 쓰는 고급 액세서리였던 것이다. 서로를 위해 자신이 가장 아끼는 것을 기꺼이 내놓은 델라와 짐에게는 서로를 위해 희생한 사랑의 깊이를 깨닫게 된 것이 진정한 크리스마스 선물이 아니었을까.

이성에 반하는 사랑

독일인의 사랑 　막스 뮐러

"Why do you love me?" said she, gently, as if she must still delay the moment of decision.
"Why, Marie? Ask the child why it is born; ask the flower why it blossoms; ask the sun why it shines. I love you because I must love you."

—<Memories: A Story of German Love> by Max Müller, translated by George P. Upton, Last Memory

...

"왜 나를 사랑하나요?" 그녀는 마치 결정의 순간을 더 미뤄야만 하는 것처럼 작은 목소리로 말했다.
"왜냐고요, 마리? 아이에게 왜 태어났는지 물어보세요. 꽃에게 왜 피는지 물어보세요. 태양에게 왜 빛나는지 물어보세요. 나는 당신을 사랑할 수밖에 없기 때문에 사랑하는 거예요."

—<독일인의 사랑> 막스 뮐러 지음, 조지 P. 업튼 번역, 마지막 회상

gently 나지막하게　　blossom 꽃이 피다　　shine 빛나다

당신을 사랑하는 이유를 내게 묻는다면.

막스 뮐러는 철학적이고 시적인 문체로 사랑을 묘사하고 있다. 인용한 구절에서 사랑이란 자연의 섭리처럼 당연하고 필연적인 감정이라고 말한다. 아이가 태어나고, 꽃이 피고, 태양이 빛나듯 사랑도 필연적으로 존재하는 것이라고 말이다. 사랑은 종종 이성을 초월한다. 계산할 수도, 따질 수도 없는 감정이며, 논리로 설명할 수 없는 힘이다. 자신의 사랑을 운명적이고 절대적인 감정으로 표현한 이 문장은 <독일인의 사랑>을 읽은 사람이라면 누구나 오래도록 마음에 깊이 남게 될 것이다.

벚꽃 동산 안톤 체호프

LUBOV. […] he's ill, he's alone, unhappy, and who's to look after him, who's to keep him away from his errors, to give him his medicine punctually? And why should I conceal it and say nothing about it; I love him, that's plain, I love him, I love him… That love is a stone round my neck; I'm going with it to the bottom, but I love that stone and can't live without it.

—<The Cherry Orchard> by Anton Chekov, translated by Julius West, Act 3

류보프 (…) 그 사람은 아프고 혼자이고 불행한데, 누가 그 사람을 돌봐 줄까요, 누가 그의 실수를 막아 주고, 그에게 때맞춰 약을 줄까요? 그리고 왜 내가 그걸 숨기고 아무 말도 하지 말아야 하는지. 나는 그 사람을 사랑해요, 그건 분명해요. 그를 사랑해요, 사랑해요……. 그 사랑은 내 목에 매단 돌이죠. 그 돌과 함께 바닥에 가라앉는다 해도 나는 그 돌을 사랑하고 그것 없이는 살 수 없어요.

—<벚꽃 동산> 안톤 체호프 지음, 줄리어스 웨스트 번역, 3막

look after 돌보다   punctually 시간에 맞춰   conceal 숨기다   plain 분명한
round my neck 내 목에 두른

당신 때문에 내가 바닥에 가라앉는다고 해도.

<벚꽃 동산(1904)>은 <갈매기(1896)>, <바냐 아저씨(1897)>, <세자매(1901)>와 더불어 체호프(1860-1904, 러시아)의 4대 희곡으로 불린다. 쇠퇴하는 귀족 계급과 부상하는 중산층 사이의 갈등, 그리고 러시아 사회의 과도기적인 모습을 그리고 있다. 류보프는 몰락한 귀족 가문의 여주인으로 자신의 사랑이 삶을 파멸로 이끈다는 사실을 알면서도 과거의 감정과 집착에서 벗어나지 못하는 인물이다. 변화하는 시대 속에서 과거의 영광을 놓지 못하는 귀족 계층의 모습을 상징적으로 보여 주고 있다. 이성을 초월하는 사랑의 힘과 때로는 자기 파괴적이고 비이성적일 수 있는 사랑의 본질을 나타내는 장면이기도 하다.

위대한 유산 찰스 디킨스

I loved her against reason, against promise, against peace, against hope, against happiness, against all discouragement that could be. Once for all; I loved her nonetheless because I knew it, and it had no more influence in restraining me than if I had devoutly believed her to be human perfection.

—<Great Expectations> by Charles Dickens, Chapter 29

…

내가 그녀를 사랑한 것은, 이성에 반하고, 가능성에 반하고, 평화에 반하고, 희망에 반하고, 행복에 반하고, 있을 수 있는 모든 실망에 반하는 것이었다. 단언컨대, 그럼에도 불구하고 나는 그 사실을 알고 있었기에 그녀를 사랑했다. 그리고 그 사실은 그녀를 완벽한 인간이라고 진심으로 믿었던 경우 못지않게 내 마음을 억누르는 데 아무런 영향을 미치지 못했다.

—<위대한 유산> 찰스 디킨스, 29장

against ~에도 불구하고   reason 이성   promise 성공에 대한 희망   once for all 확실히 말하건대 (once and for all)   nonetheless 그럼에도 불구하고   restrain 억누르다
devoutly 진심으로, 신앙심 깊게

모든 상황과, 있을 수 있는 모든 좌절에도 불구하고.

찰스 디킨스(1812-1870, 영국)는 빅토리아 시대의 사회 문제를 사실적으로 묘사한 작품을 많이 남겼다. 현실 비판적이면서도 감동적인 이야기 전개와 개성이 뚜렷한 캐릭터들이 등장하는 특징을 지니고 있다. <위대한 유산(1861)>은 서사의 구조가 정교하고 등장인물들이 생생하게 묘사되어 있어 흥미롭게 읽힌다. 고아 핍(Pip)이 후원자의 도움을 받아 신분 상승을 꿈꾸지만, 인생의 진정한 가치를 깨닫게 되는 성장 소설이다. 핍의 성장과 사랑, 우정, 자기 발견의 여정 등을 흥미진진하고 감동적으로 그려 냈다. 인용한 구절은 핍이 에스텔라에 대한 사랑을 고백하는 장면으로 그 사랑이 얼마나 비이성적이고 강렬한 감정이었는지 표현하고 있다.

운명 같은 사랑

제인 에어 샬럿 브론테

I have for the first time found what I can truly love—I have found you. You are my sympathy—my better self—my good angel. I am bound to you with a strong attachment. I think you good, gifted, lovely: a fervent, a solemn passion is conceived in my heart; it leans to you, draws you to my centre and spring of life, wraps my existence about you, and, kindling in pure, powerful flame, fuses you and me in one.

—<Jane Eyre> by Charlotte Bronte, Chapter 27

...

나는 처음으로 진정 사랑할 수 있는 것을 찾았소—바로 당신을 찾았어요. 당신은 나와 같은 마음을 가진 사람, 나의 더 나은 자아, 나의 선한 천사요. 나는 강한 유대감으로 당신에게 묶여 있어요. 당신이 선하고, 재능 있고, 사랑스럽다고 생각해요. 뜨겁고 진지한 열정이 내 마음속에 생겨났소. 그 열정이 당신에게로 기울어 당신을 나의 중심이자 삶의 원천으로 끌어당기며, 내 존재로 당신을 감싸서 순수하고 강력한 불꽃으로 타올라, 당신과 나를 하나 되게 합니다.

—<제인 에어> 샬럿 브론테, 27장

be bound to ~에 묶여 있다   attachment 애착, 유대감   gifted 재능 있는   fervent 열렬한
solemn 진지한   be conceived 생겨나다   centre 중심(center의 영국식 철자)   spring 원천
kindle 불을 붙이다   fuse 결합하다, 융합하다

나는 처음 진심으로 사랑할 수 있는 것을 찾았어요.

샬럿 브론테(1816-1855, 영국)는 <제인 에어(1847)>에서 고아 소녀 제인이 사랑과 도덕적 신념 사이에서 자신의 신념을 선택하며 역경을 딛고 성장하는 과정을 그리고 있다. 출간되자마자 큰 인기를 얻었고 지금 읽기에도 손색이 없을 만큼 흥미롭고 감동적인 고전 중의 하나이다. 인용한 부분은 에드워드 로체스터(Edward Rochester)가 자신을 떠나려는 제인에게 절절한 사랑을 고백하는 장면이다. 인생의 온갖 풍파를 겪은 남자가 평생 처음으로 진정 사랑할 수 있는 대상을 찾았는데 그게 바로 당신이라는 사랑 고백이라니! 로체스터를 떠나야만 했던 제인은 아마도 초인적인 힘을 발휘해야 했을 것이다.

운명 같은 사랑

폭풍의 언덕 에밀리브론테

Whatever our souls are made of, his and mine are the same.
[…]
If all else perished, and he remained, I should still continue to be; and if all else remained, and he were annihilated, the universe would turn to a mighty stranger: I should not seem a part of it.

—<Wuthering Heights> by Emily Brontë, Chapter 9

...

우리의 영혼이 무엇으로 만들어졌든 그의 영혼과 나의 영혼은 같아.
(…)
모든 것이 사라지고 그만 남는다면, 나는 여전히 존재할 거야. 하지만 모든 것이 남고 그만 소멸된다면, 온 우주는 굉장히 낯선 존재가 될 거야. 나는 그 일부로 보이지 않을 거야.

—〈폭풍의 언덕〉에밀리 브론테, 9장

perish 사라지다   remain 남아 있다   be annihilated 소멸되다
turn to ~으로 변하다(turn into)   mighty 강력한

그의 영혼과 나의 영혼은 같아.

에밀리 브론테(1818-1848, 영국)는 <제인 에어>의 작가 샬럿 브론테의 동생이다. <폭풍의 언덕(1847)>은 출간 당시 극단적인 감정 표현과 격렬한 복수, 파괴적인 사랑 이야기 때문에 좋은 평가를 받지 못했다. 하지만 지금은 오히려 이러한 요소들 덕분에 빅토리아 시대 문학 중에서 가장 강렬하고 독창적인 작품 중 하나로 평가받고 있다. 이 인용문은 캐서린과 히스클리프의 관계가 얼마나 운명적이고 필연적인지를 보여 주는 구절이다. 히스클리프 없이는 자신의 존재 자체가 무의미하다고 느낄 정도로, 캐서린은 그와 깊이 연결된 운명적 사랑을 느낀다.

운명 같은 사랑

포르투갈인의 소네트 14   엘리자베스 배럿 브라우닝

If thou must love me, let it be for nought
Except for love's sake only. Do not say
"I love her for her smile—her look—her way
Of speaking gently,—for a trick of thought
That falls in well with mine, and certes brought
A sense of pleasant ease on such a day"

—<Sonnets from the Portuguese> by Elizabeth Barrett Browning,
an excerpt from Sonnet 14

∴

당신이 날 사랑해야 한다면, 그 무엇도 아닌
오직 사랑만을 위해 사랑해 주세요.
"그녀의 미소, 그녀의 눈빛,
그녀의 부드러운 말투 때문에, 혹은 재치 있는 생각이
나와 잘 맞아서 그리고 그것이 분명
어느 날 기분 좋은 편안함을 주었기 때문에 그녀를 사랑해."라고 말하지 마세요.

—<포르투갈인의 소네트> 엘리자베스 배럿 브라우닝, 소네트 14 중에서

thou you(고어)   for nought 아무런 이유 없이(문예체, for nothing)   a trick of thought 재치 있는 생각   fall in well with ~와 잘 맞다   certes 분명히(고어, certainly)   ease 편안함

오직 사랑만을 위해서 사랑해 주세요.

엘리자베스 배럿 브라우닝(1806-1861, 영국)은 로버트 브라우닝(Robert Browning, 1812-1889)과 부부였다. 이 시는 로버트를 향한 사랑을 노래한 시 44편이 실려 있는 <포르투갈인의 소네트(1850)>에서 대표적인 사랑시 중 하나로 꼽힌다. 둘의 인연은 엘리자베스의 시집 <Poems(1844)>를 읽고 로버트가 편지를 보내면서 시작되었다. 로버트는 여섯 살 연하의 무명 시인이었고 엘리자베스는 부유한 집안의 딸이었으며 병약한 환자였다. 엘리자베스 아버지의 반대로 둘은 몰래 결혼식을 올린 후 이탈리아로 건너가 행복한 결혼 생활을 이어갔다. 이 두 시인의 로맨스와 엘리자베스의 사랑시는 이렇게 영국 문학사에 길이 남게 되었다.

Part 02

인간

주홍글씨 너새니얼 호손

The public is despotic in its temper; it is capable of denying common justice when too strenuously demanded as a right; but quite as frequently it awards more than justice, when the appeal is made, as despots love to have it made, entirely to its generosity.

―<The Scarlet Letter> by Nathaniel Hawthorne, Chapter 13

...
대중은 그 기질이 독재적이라 너무 강하게 권리로 요구될 때는 기본적인 정의조차 거부할 수 있다. 그러나 그와 마찬가지로 자주, 대중은 정의 이상의 것을 베풀기도 하는데, 이는 독재자들이 원하는 방식대로, 오로지 그들의 관대함에 호소할 때 이루어진다.

―<주홍 글씨> 너새니얼 호손, 13장

despotic 독재적인   temper 기질   strenuously 격렬하게   demand 요구하다
quite as frequently 마찬가지로 빈번하게   award 부여하다   despot 독재자

인간의 마음은 이성이 아니라 감성으로 움직인다.

너새니얼 호손(1804-1864, 미국)의 대표작 <주홍 글씨(1850)>는 간통죄를 지은 헤스터 프린(Hester Prynne)이 가슴에 주홍색 글자 'A'(간통을 의미하는 Adultery의 첫 글자)를 달고 살아가는 이야기이다. 17세기 미국의 청교도 사회를 배경으로 죄와 속죄, 인간 본성의 이중성 등을 다루며, 인간의 심리를 깊이 탐색하는 작품이다. 인용한 부분은 대중의 마음이 어떻게 움직이는지에 대한 통찰을 제시하고 있다. 가난하고 병든 사람을 도우며 겸손하고 헌신적인 모습으로 살아가는 헤스터에게 대중은 마음을 열고 그녀를 받아들인다.

인간의 심리

이반 일리치의 죽음   레프 톨스토이

At certain moments, after prolonged suffering, Ivan Ilyich, ashamed as he would have been to own it, longed more than anything for someone to feel sorry for him, as for a sick child. He longed to be petted, kissed, and wept over, as children are petted and comforted. He knew that he was an important member of the law courts, that he had a beard turning grey, and that therefore it was impossible. But still he longed for it.

―〈The Death of Ivan Ilyich〉 by Leo Tolstoy, translated by Constance Garnett, Chapter 7

…

오랫동안 고통을 겪은 후 이반 일리치는 가끔씩, 이런 마음을 인정하기 부끄럽긴 했지만, 누군가 자신을 아픈 아이 대하듯 가엾게 여겨 주기를 무엇보다 간절히 바랐다. 그는 아이들을 쓰다듬어 주고 달래 주듯이, 자기를 쓰다듬어 주고, 자기에게 입맞춰 주고, 자기를 위해 눈물 흘려 주기를 원했다. 자신이 법원의 요직에 있고, 수염이 희끗해져 가고 있으니 그렇게 해 주는 것이 불가능함을 알았다. 하지만 그래도 그렇게 해 주기를 바랐다.

―〈이반 일리치의 죽음〉 레프 톨스토이 지음, 콘스턴스 가넷 번역, 7장

prolonged 오래 지속되는   own 인정하다   more than anything 무엇보다도
long to ~을 간절히 바라다   weep over ~에 대하여 울다   law court 법원

가장 깊은 고통 속에서, 우리는 공감과 위로를 원한다.

톨스토이(1828-1910, 러시아)의 장편 소설 <전쟁과 평화(1869)>, <안나 카레리나(1878)>에 반해 <이반 일리치의 죽음(1886)>은 상대적으로 덜 알려진 수작이다. 성공과 출세를 위해 달려가던 중년의 법관 이반 일리치는 갑작스러운 질병으로 인해 죽음을 마주하게 된다. 한 인간이 죽음에 이르는 과정과 심리를 자세히 묘사하고 있으며 이를 통해 삶의 의미를 돌아보게 한다. 죽음을 앞둔 이반 일리치는 주변 사람들의 무관심과 형식적인 태도에 절망하면서 진정한 공감과 위로를 간절히 바란다. 가장 깊은 고통 속에서 인간은 나이와 지위에 관계없이 순수한 연민과 따뜻한 위로를 갈망하는 존재임을 말해 주고 있다.

톰 소여의 모험 마크트웨인

Tom joined the new order of Cadets of Temperance, being attracted by the showy character of their "regalia." He promised to abstain from smoking, chewing, and profanity as long as he remained a member. Now he found out a new thing—namely, that to promise not to do a thing is the surest way in the world to make a body want to go and do that very thing.

―<The Adventures of Tom Sawyer> by Mark Twain, Chapter 22

...

톰은 화려한 '제복'에 매료되어 새로 생긴 금주 소년단에 가입했다. 그는 회원으로 있는 동안 흡연, 담배 씹는 것, 욕설을 삼가겠다고 약속했다. 그런데 그는 새로운 사실을 깨달았다. 그건 바로, 어떤 일을 하지 않겠다고 약속하는 것이야말로 그 일을 하고 싶게 만드는 가장 확실한 방법이라는 사실이다.

―<톰 소여의 모험> 마크 트웨인, 22장

order 단체, 조직(주로 종교 단체나 사회 단체)　　Cadets of Temperance 19세기 청소년 금주 단체
regalia 제복, 의례용 장신구　　abstain from ~을 금하다　　chewing 담배를 씹는 것　　profanity 욕설
a body (일반적인 의미의) 사람

인간은 금지된 것에 더 끌린다.

마크 트웨인(1835-1910)은 새뮤얼 랭혼 클레멘스(Samuel Langhorne Clemens)의 필명이다. 유머와 풍자를 통해 사회를 비판하고 미국적인 삶의 풍경을 다채롭게 그려 냈다는 평가를 받고 있다. 잘 알려진 대표작으로 <톰 소여의 모험(1876)>, <왕자와 거지(1881)>, <허클베리 핀의 모험(1885)>이 있다. <톰 소여의 모험>은 장난기 많은 소년 톰의 성장 이야기로 미시시피 강변의 가상 마을 세인트 피터즈버그(St. Petersburg)가 배경이다. 아동 문학으로 분류되기도 하지만 인간 본성과 사회에 대한 깊은 통찰을 담고 있으며 인간의 심리에 대한 재치 있는 묘사로 성인이 읽기에도 손색이 없는 작품이다.

인간의 이중성

지킬 박사와 하이드 씨 로버트 루이스 스티븐슨

With every day, and from both sides of my intelligence, the moral and the intellectual, I thus drew steadily nearer to that truth, by whose partial discovery I have been doomed to such a dreadful shipwreck: that man is not truly one, but truly two.

—<The Strange Case of Dr. Jekyll and Mr. Hyde>
by Robert Louis Stevenson, Henry Jekyll's Full Statement of the Case

...

하루하루 지나면서, 그리고 내 지성의 두 측면, 다시 말해 도덕적이고 지적인 면에서, 나는 이와 같이 그 진실에 점점 더 가까이 다가갔고 그 진실의 일부를 발견함으로써 너무도 끔찍한 파멸을 맞이하게 되었다. 그 진실이란 바로, 인간이 사실 하나가 아니라 진정 둘이라는 사실이다.

—〈지킬 박사와 하이드 씨〉 로버트 루이스 스티븐슨, 헨리 지킬의 완전한 진술

intelligence 지성   intellectual 지적인   steadily 점차, 서서히   partial 부분적인
be doomed to ~할 운명이다   dreadful 끔찍한   shipwreck 파멸

인간의 본성은 하나가 아니라 둘이다.

로버트 루이스 스티븐슨(1850-1894)은 스코틀랜드 출신의 소설가이자 시인이다. 대표작으로 <보물섬(1883)>과 <지킬 박사와 하이드 씨(1886)>가 있다. <지킬 박사와 하이드 씨>는 인간 내면의 선과 악이라는 이중성을 탐구한 걸작으로 평가받는다. 지킬 박사는 사회적으로 존경받지만 내면의 이기적 욕망이 드러날까 두려워한다. 그는 선과 악을 분리시키는 약물을 개발해 어두운 본능을 자유롭게 표출하며 쾌감을 느낀다. 결국 그는 폭력과 살인까지 저지르고, 자신의 악한 자아(하이드)를 없애려 하지만 결국 비극적인 최후를 맞는다. 인간의 본성에는 선과 악이 공존하며 인간이란 그 사이에서 끊임없이 갈등하는 복잡한 양면성을 지닌 존재임을 보여 주고 있다.

인간의 이중성

프랑켄슈타인 메리셸리

Was man, indeed, at once so powerful, so virtuous, and magnificent, yet so vicious and base? He appeared at one time a mere scion of the evil principle, and at another as all that can be conceived of noble and godlike. To be a great and virtuous man appeared the highest honour that can befall a sensitive being; to be base and vicious, as many on record have been, appeared the lowest degradation, a condition more abject than that of the blind mole or harmless worm.

—<Frankenstein> by Mary Shelley, Chapter 13

...

정말로 인간이 이토록 강하고, 이토록 덕망 있고 위대하면서도, 동시에 이토록 악랄하고 비열했단 말이오? 한편으로는 악의 후손에 불과한 듯했고, 또 다른 한편으로는 참으로 고귀하고 신성한 존재로 보였소. 위대하고 덕망 있는 인간이 된다는 것은 이성을 지닌 존재에게 있을 수 있는 가장 높은 영예인 것 같았소. 부도덕하고 사악한 것은, 역사에 기록된 많은 이들처럼, 가장 저급한 타락이며, 이는 눈먼 두더지나 하찮은 벌레보다 더 비참한 상태로 보였소.

—<프랑켄슈타인> 메리 셸리, 13장

virtuous 덕망 있는   magnificent 위대한   vicious 사악한, 잔인한   base 비열한, 저급한
scion 후손   evil principle 악의 근원적 속성   be conceived of ~로 생각되다
befall ~에게 일어나다   degradation 타락   abject 비참한

인간의 본성은 선한가, 악한가.

영국의 작가 메리 셸리(1797-1851)의 대표작 <프랑켄슈타인(1818)>은 젊고 야망 있는 과학도 빅터 프랑켄슈타인이 죽은 자의 몸을 이용해서 새로운 생명을 창조하고 그것이 비극적인 결과를 가져온다는 이야기를 담고 있다. 프랑켄슈타인이 창조한 존재(괴물)는 인간들에게 끊임없이 배척을 받으며 점차 악한 존재로 변해 간다. 인용한 구절은 괴물이 숨어 살며 인간들을 관찰하고 언어와 감정을 배워 가던 시기에 책을 통해 알게 된 인간의 이중적인 본성에 대해 프랑켄슈타인에게 이야기하는 장면이다. 이 장면은 인간의 본성이 선한지 악한지에 대한 근본적이고도 철학적인 질문을 우리에게 던지고 있다.

1984 조지오웰

It struck him that in moments of crisis one is never fighting against an external enemy, but always against one's own body. […] On the battlefield, in the torture chamber, on a sinking ship, the issues that you are fighting for are always forgotten, because the body swells up until it fills the universe, and even when you are not paralysed by fright or screaming with pain, life is a moment-to-moment struggle against hunger or cold or sleeplessness, against a sour stomach or an aching tooth.

—<1984> by George Orwell, Part 1, Chapter 8

…

위기가 닥칠 때, 사람은 외부의 적과 싸우는 것이 아니라 항상 자신의 몸과 싸운다는 사실을 그는 깨달았다. (…) 전쟁터에서, 고문실에서, 가라앉는 배 위에서, 싸우고 있는 이유는 항상 잊혀지기 마련이다. 왜냐하면 몸이 우주를 채울 때까지 부풀어 오르기 때문이다. 그리고 두려움으로 몸이 마비되거나 고통으로 비명을 지르지 않을 때조차도 삶은 배고픔, 추위, 불면증을 상대로, 속 쓰림이나 아픈 치아를 상대로 벌이는 순간순간의 싸움이다.

—〈1984〉 조지 오웰, 1부, 8장

strike 생각이 떠오르다　　external 외부의　　battlefield 전쟁터　　torture chamber 고문실
swell up 부풀어 오르다　　paralyse 마비시키다(paralyze)

인간은 적이 아니라 자신의 몸과 싸운다.

조지 오웰(1903-1950, 영국)은 필명이며 본명은 에릭 아서 블레어(Eric Arthur Blair)이다. 작가이자 언론인으로, 그의 대표작 중 하나인 <1984(1949)>는 빅 브라더가 지배하는 가상의 국가를 배경으로 한 디스토피아 소설이다. 전체주의 정권이 개인을 철저히 감시하고 사상을 통제하는 사회에서 진실을 찾으려던 주인공 윈스턴 스미스는 결국 권력에 의해 철저히 파괴된다. 윈스턴의 생존을 위협하는 것은 당의 감시보다 인간의 가장 원초적인 본능, 즉 자신의 신체에 가해지는 고통과 두려움이었다. 사랑하는 연인을 배신한 일도, 결국에는 빅 브라더를 사랑하게 되는 변화도 극한의 공포와 고문이 그의 정신을 완전히 무너뜨렸기 때문이다. 인간의 삶은 자신의 신체에 발생하는 고통과의 끊임없는 생존 투쟁이라는 작가의 통찰이 돋보인다.

인간과 고난

작은 아씨들 루이자메이올콧

Lovely weather so far. I don't know how long it will last, but I'm not afraid of storms, for I'm learning how to sail my ship.

—<Little Women> by Louisa May Alcott, Chapter 44

...

지금까지는 날씨가 좋았어. 좋은 날씨가 얼마나 계속될지는 모르지만, 폭풍이 와도 두렵지는 않아. 내 배를 어떻게 몰고 가야 하는지 배우는 중이거든.

—<작은 아씨들> 루이자 메이 올콧, 44장

so far 지금까지   last 계속되다   sail 배를 몰다

폭풍이 온다 해도 두렵지 않아.

루이자 메이 올콧(1832-1888, 미국)의 대표작 <작은 아씨들(1868)>은 미국 남북전쟁 시기를 배경으로 마치(March) 가족의 네 자매가 성장해 가는 이야기를 담고 있다. 자매 중 둘째인 주인공 조 마치는 작가 자신을 모델로 한 캐릭터로 알려져 있다. 인용한 구절은 막내인 에이미가 로리와의 결혼을 계기로 더 성숙해지며 앞으로 닥쳐올 인생의 폭풍을 두려워하지 않고 자신의 삶을 주체적으로 살아가겠다는 내면의 성장을 드러내는 문장이다. 다소 철없고 자기중심적인 모습을 보이던 에이미는 세련되고 사려 깊은 여성으로 성장한다.

인간과 고난

노인과 바다   어니스트 헤밍웨이

It was too good to last, he thought. I wish it had been a dream now and that I had never hooked the fish and was alone in bed on the newspapers. "But man is not made for defeat," he said. "A man can be destroyed but not defeated."

—<The Old Man and the Sea> by Ernest Hemingway

...

너무 좋았기에 오래 가지 못했구나, 하고 그는 생각했다. 지금 이게 꿈이었다면 얼마나 좋을까. 이 물고기는 낚은 적도 없는 거고 신문을 깔고 혼자 누워 있으면 얼마나 좋을까. "하지만 인간은 패배하도록 만들어지지 않았어." 그가 말했다. "인간은 파멸당할 수는 있어도 패배할 수는 없어."

—〈노인과 바다〉 어니스트 헤밍웨이

hook 낚다   defeat 패배   destroyed 파멸된, 파괴된   defeated 패배한

고난 앞에서 인간은 파멸될지라도 패배하지는 않는다.

헤밍웨이(1899-1961, 미국)의 <노인과 바다(1952)>는 퓰리처 상(1953)과 노벨 문학상(1954)을 수상한 작품이다. 84일 동안 한 마리의 물고기도 잡지 못한 쿠바의 늙은 어부 산티아고가 거대한 청새치를 잡기 위해 바다에서 벌이는 고독하고 처절한 사투를 감동적으로 그려 냈다. 독자에게 보이는 것은 일부에 불과하고 그 이면에 더 깊은 의미가 존재해야 한다는 헤밍웨이의 빙산 이론(Iceberg Theory)이 잘 드러난 작품으로 평가받는다. 바다는 인생의 여정, 청새치는 꿈과 목표, 상어는 시련과 파괴적인 힘을 상징적으로 나타낸다. "인간은 파멸될지라도 패배하지는 않는다"는 문장은 고난과 역경 속에서도 인간의 진정한 가치는 그것에 맞서는 의지와 태도에 달려 있음을 보여 주며 시대를 초월해 많은 이들에게 위로와 용기를 주고 있다.

인간과 노동

제인 에어 샬롯 브론테

It is in vain to say human beings ought to be satisfied with tranquillity: they must have action; and they will make it if they cannot find it.

—<Jane Eyre> by Charlotte Brontë, Chapter 12

...

인간이 평온한 삶에 만족해야 한다는 말은 헛된 소리일 뿐이다. 인간은 반드시 활동해야 하며, 활동할 거리를 찾지 못하면 만들어 내게 마련이다.

—<제인 에어> 샬롯 브론테, 12장

It is in vain to ~하는 것은 헛된 일이다　tranquillity 평온함　action 행동, 활동

인간은 활동할 거리가 주어지지 않으면 스스로 만들어 낸다.

제인은 가정 교사로 있는 손필드 저택에서의 단조로운 일상에 갑갑함을 느낀다. 가끔 지붕 위로 올라가 들판과 언덕 너머를 바라보며 자신이 경험하지 못한 더 넓은 미지의 세계를 동경한다. 그리고 인간은 활동할 거리를 반드시 찾아내게 되어 있다는 사실을 떠올린다. 사람은 몰두할 대상이 반드시 필요한 존재이다. 누구나 어떤 활동이든 한 가지씩은 집중하고 있는 대상이 있다. 활동할 거리가 없는 사람은 공허함과 무기력에 빠질 수밖에 없다. 인간은 몰두할 대상을 통해 살아 있음을 느낀다.

인간과 노동

벚꽃 동산 <small>안톤 체호프</small>

TROFIMOV. The human race progresses, perfecting its powers. Everything that is unattainable now will someday be near at hand and comprehensible, but we must work, we must help with all our strength those who seek to know what fate will bring.

—< The Cherry Orchard> by Anton Chekov, translated by Julius West, Act 2

트로피모프 인류는 진보하며 그 능력을 완성해 가고 있습니다. 지금은 도달할 수 없는 모든 것들이 언젠가는 가까이 다가와 이해될 것입니다. 그러나 우리는 노력해야 하며, 미래가 어떠할지 알아내고자 하는 사람들을 힘껏 도와야 합니다.

—<벚꽃 동산> 안톤 체호프 지음, 줄리어스 웨스트 번역, 2막

---

human race 인류 **progress** 진보하다 **unattainable** 도달할 수 없는 **near at hand** 임박한 **comprehensible** 이해할 수 있는 **seek to** ~하려고 노력하다

미래가 어떠할지 알아내고자 하는 사람들을 도와야 한다.

<벚꽃 동산>은 러시아의 급격한 사회 변화 속에서 몰락하는 귀족 가문에 대한 이야기를 그리고 있다. 인간의 내면에 대한 묘사도 탁월하지만 귀족 계급이 몰락하고 새로운 시대가 도래하는 시대상을 담은 작품으로 평가받는다. 트로피모프는 사회 변화를 예언하며 이상주의적인 생각을 지닌 인물이다. 작가는 이 인물을 통해 러시아의 지식인들이 일하지 않는다고 비판하면서 미래를 위해 일하는 사람들을 열심히 도와야 한다고 말한다.

벤저민 프랭클린 자서전 벤저민 프랭클린

This gave me occasion to observe, that, when men are employed, they are best contented; for on the days they worked they were good-natured and cheerful, and, with the consciousness of having done a good day's work, they spent the evening jollily; but on our idle days they were mutinous and quarrelsome, finding fault with their pork, the bread, etc., and in continual ill-humor, which put me in mind of a sea captain, whose rule it was to keep his men constantly at work; and, when his mate once told him that they had done everything, and there was nothing further to employ them about, "Oh" says he, "Make them scour the anchor."

—<Autobiography of Benjamin Franklin> by Benjamin Franklin, Chapter 17

...

이로 인해 나는 사람들이 일할 때 가장 만족해한다는 사실을 알게 되었다. 일한 날에는 온화하고 명랑했으며, 하루의 일을 잘 마쳤다는 생각으로 저녁 시간을 즐겁게 보냈다. 그러나 빈둥거리는 날에는 반항하고 다투었고, 돼지고기나 빵 등에 불만을 품었으며, 계속해서 기분이 안 좋았다. 이런 모습들을 보면서 나는 부하들을 항상 일하게 하는 것을 원칙으로 삼았던 한 선장이 떠올랐다. 한번은 항해사가 모든 일을 끝마쳤고 더 이상 할 일이 없다고 보고하자, 그는 "그래, 그럼 닻을 닦게 해라."라고 했다는 것이다.

—<벤저민 프랭클린 자서전> 벤저민 프랭클린, 17장

occasion 계기, 기회   observe 알게 되다   employed 일하고 있는   contented 만족한
jollily 즐겁게   mutinous 반항적인   quarrelsome 싸우기 좋아하는   ill-humor 기분이 좋지 않은
put someone in mind of ~이 생각나게 하다   mate 항해사, 부선장   scour 문질러 닦다

사람은 일을 할 때 가장 만족해한다.

벤저민 프랭클린(1706-1790)은 과학자, 발명가(피뢰침 발명), 작가, 인쇄업자, 정치가, 외교관 등 다양한 분야에서 활약했으며 그의 사상과 업적은 미국 역사와 문화에 큰 영향을 미쳤다. <벤저민 프랭클린 자서전(1791)>은 그의 성장 과정과 성공 비결 뿐 아니라 독서, 근면, 절제 등 프랭클린의 가치관을 보여 주는 자기 계발서의 고전으로 평가받고 있다. 인용한 구절은 몸을 움직여 일하는 것이 인간 본연의 만족감과 연관되어 있을 뿐 아니라 조직의 분위기와도 직결되는 문제라는 점을 잘 보여 준다.

동물 농장 조지 오웰

Man is the only creature that consumes without producing. He does not give milk, he does not lay eggs, he is too weak to pull the plough, he cannot run fast enough to catch rabbits. Yet he is lord of all the animals. He sets them to work, he gives back to them the bare minimum that will prevent them from starving, and the rest he keeps for himself.

―<Animal Farm> by George Orwell, Chapter 1

...

인간은 생산하지 않고 소비만 하는 유일한 동물입니다. 우유를 만들지 못하고 달걀을 낳지 않으며, 쟁기를 끌기에 너무 약하고 토끼를 잡을 만큼 빨리 달리지도 못하지요. 그럼에도 인간은 모든 동물의 주인입니다. 동물에게 일을 시키고 굶어 죽지 않을 만큼 최소한의 양을 돌려주며 나머지는 자신이 차지합니다.

―〈동물 농장〉 조지 오웰, 1장

creature 생명체, 동물   consume 소비하다   plough 쟁기   bare minimum 가장 최소한의 것

인간은 생산하지 않고 소비만 하는 유일한 동물이다.

조지 오웰은 전체주의, 권력, 언어, 사회 불평등을 비판적으로 다룬 작품들을 남겼다. 그중 <동물농장(1945)>은 스탈린 시대 소비에트 연방의 전체주의 체제를 풍자한 우화이다. 농장의 동물들이 인간(농장주)에게서 해방되어 스스로 공동체를 운영하려 하지만 결국 돼지들이 권력을 독점하며 또 다른 독재 체제를 만들어 낸다는 이야기다. 인용한 구절은 노동자 계급을 상징하는 돼지 올드 메이저(Old Major)가 다른 동물들에게 한 연설의 일부이다. 인간의 착취 구조를 비판하고 동물들이 단결해 인간의 지배로부터 해방되어야 한다고 주장한다.

변신 프란츠 카프카

Yet Gregor's sister was playing so beautifully. Her face was leant to one side, following the lines of music with a careful and melancholy expression. Gregor crawled a little further forward, keeping his head close to the ground so that he could meet her eyes if the chance came. Was he an animal if music could captivate him so?

—<Metamorphosis> by Franz Kafka,
translated by David Wyllie, Chapter 3

...

그럼에도 그레고르의 여동생은 너무나 아름답게 연주하고 있었다. 고개는 한쪽으로 기울인 채 신중하고 쓸쓸한 표정으로 악보를 따라가고 있었다. 그레고르는 기회가 오면 여동생과 눈을 마주칠 수 있도록 머리를 바닥에 가까이 한 채 좀 더 앞으로 기어갔다. 음악이 이토록 그의 마음을 사로잡는데도 그가 동물이란 말인가?

—<변신> 프란츠 카프카 지음, 데이빗 와일리 번역, 3장

be leant 기울어져 있다(be leaned)　　the lines of music 악보　　melancholy 슬픈, 쓸쓸한
expression 표정　　crawl 기어가다　　captivate 마음을 사로잡다

이렇게 음악 소리에 감동을 느끼는 자도 짐승이란 말인가?

프란츠 카프카(1883-1924)는 체코 프라하에서 태어난 유대계 독일 작가로 불린다. 불안, 소외, 부조리한 인간 존재를 깊이 탐구한 실존주의 문학의 선구자로 평가받는다. 그의 대표작 <변신(1915)>은 어느 날 아침 주인공 그레고르 잠자가 벌레로 변해 버리면서 시작되는 이야기다. 벌레로 변한 그레고르가 용기를 내어 동생이 연주하는 음악을 들으려고 방을 나오지만 이는 가족과의 관계가 더 악화되는 계기가 된다. 인용한 구절에서 그레고르는 음악 소리에 감동하는 자신의 정체성에 대해 질문을 던지고 있다. 비록 몸은 벌레로 변해 버렸지만 정신만은 여전히 인간처럼 사고하는 존재였다. 그는 과연 벌레였을까, 인간이었을까.

인간의 정체성에 대한 탐구

프랑켄슈타인 메리 셸리

I knew that I possessed no money, no friends, no kind of property. I was, besides, endued with a figure hideously deformed and loathsome; I was not even of the same nature as man. I was more agile than they, and could subsist upon coarser diet; I bore the extremes of heat and cold with less injury to my frame; my stature far exceeded theirs. When I looked around, I saw and heard of none like me. Was I then a monster, a blot upon the earth, from which all men fled, and whom all men disowned?

—<Frankenstein> by Mary Shelley, Chapter 13

...

나는 돈도, 친구도, 어떤 재산도 없다는 것을 알고 있었습니다. 게다가 나는 끔찍하게 기형적이고 혐오스러운 모습을 타고났고, 인간과 같은 본성을 지니지도 않았습니다. 나는 더 민첩했고 더 거친 음식을 먹고 살 수 있었습니다. 몸이 덜 상한 채로 극한의 더위와 추위를 견뎠고 내 키는 그들보다 훨씬 컸습니다. 주위를 둘러보았을 때, 나와 같은 존재는 보지도 듣지도 못했습니다. 그렇다면 나는 모든 인간들이 도망치고 모든 인간들이 내치는 괴물, 지구 위에 한 얼룩이었단 말입니까?

—<프랑켄슈타인> 메리 셸리, 13장

property 재산   endued with ~을 받은, 타고난(endowed with)   hideously deformed 끔찍하게 기형적인   loathsome 혐오스러운   agile 민첩한   subsist upon ~을 먹고 살다   frame 신체   stature 키   blot 오점, 얼룩   flee from ~로부터 도망치다   disown 의절하다, 거부하다

나는 괴물이었습니까, 지구 위의 얼룩이었습니까?

프랑켄슈타인이 창조해 낸 괴물은 인간이 얼마나 위대하고 고귀한 존재로 보일 수 있는지, 동시에 얼마나 비열하고 잔인한 존재일 수 있는지를 깨닫고 혼란스러워한다. 인간 본성에 대한 이중성을 알게 되면서 그는 자신의 정체성에 대해 깊은 회의와 갈등을 느낀다.

Part 03

삶

삶의 이중성

여자의 일생   기드모파상

Suddenly she felt a gentle warmth striking through to her skin; it was the warmth of the little being who was asleep on her lap. Then she was overcome with an intense emotion, and uncovering gently the face of the sleeping infant, she raised it to her lips and kissed it passionately. But Rosalie, happy though grumpy, stopped her; "Come, come, Madame Jeanne, stop that; you will make it cry." And then she added, probably in answer to her own thoughts: "Life, after all, is not as good or as bad as we believe it to be."

—<Une Vie> by Guy de Maupassant,
translated by Albert M.C. McMaster, et al., Chapter 14

...

갑자기 그녀는 피부에 따스한 온기가 스며드는 것을 느꼈다. 그녀의 무릎 위에서 잠든 작은 존재의 온기였다. 그러자 그녀는 강렬한 감정에 휩싸였고 잠든 아기의 얼굴을 조심스레 들춰내고는 입술로 가져가서 마구 입을 맞추었다. 로잘리는 투덜거리면서도 흐뭇해하며 말렸다. "자, 자, 마담 잔, 그만하세요. 아기를 울리겠어요." 그리고 곧이어 마치 자신의 생각에 답하듯 덧붙였다. "그러고 보면 삶이란 우리가 생각하는 것만큼 좋지도 나쁘지도 않은 거네요."
—<여자의 일생> 기드모파상 지음, 앨버트 M.C. 맥마스터 외 번역, 14장

striking through to ~까지 전해지는   overcome 압도하다   uncover 덮여 있는 것을 열다
passionately 열렬하게, 마구   grumpy 투덜거리는   after all 결국, 그러고 보면

인생은 우리가 생각하는 것만큼 좋지도 나쁘지도 않아요.

프랑스의 소설가 기 드 모파상(1850-1893)의 대표적인 장편 소설로, 프랑스어 제목은 <어느 인생(Une Vie, 1883)>이지만 우리나라에서는 <여자의 일생>으로 더 많이 알려져 있다. 이 소설은 귀족 가문 출신의 순수한 여인 잔느가 결혼, 남편의 외도, 부모의 죽음, 방탕한 아들로 인한 파산 등을 겪으며 이상과 다른 삶을 살아가게 되는 이야기다. 인용한 구절은 삶의 의미를 잃은 채 살아가던 잔느가 아들 폴이 낳은 딸을 집으로 데려오는 길에 삶의 희망을 다시 느끼게 되는 장면이다. 한때 잔느의 하녀였던 로잘리의 혼잣말은 삶의 본질을 간결하게 드러내며 이 소설을 대표하는 상징적인 구절로 자주 인용되는 문장이다.

삶의 이중성

젊은 베르테르의 슬픔 요한볼프강폰괴테

Must it ever be thus,—that the source of our happiness must also be the fountain of our misery? The full and ardent sentiment which animated my heart with the love of nature, overwhelming me with a torrent of delight, and which brought all paradise before me, has now become an insupportable torment, a demon which perpetually pursues and harasses me.

—<The Sorrows of Young Werther> by Johann Wolfgang von Goethe, translated by R.D. Boylan, from a letter of August 18

...

언제나 이래야만 하는 건가? 우리의 행복의 원천이 고통의 근원이기도 해야 한단 말인가? 자연에 대한 사랑으로 내 마음에 활력을 불어넣어 주었던 그 충만하고 열정적인 감정이, 나에게 넘쳐나는 기쁨을 주며 온 천국을 내 앞에 가져다주었던 그 감정이 이제는 견딜 수 없는 고통이자 나를 끊임없이 쫓고 괴롭히는 악마가 되어 버렸어.

—〈젊은 베르테르의 슬픔〉 요한 볼프강 폰 괴테 지음, R.D. 보일런 번역, 8월 18일 편지 중에서

fountain 근원   ardent 열렬한   sentiment 감정   animate 활력을 불어넣다
overwhelm 압도하다   a torrent of delight 넘쳐나는 기쁨   insupportable 견딜 수 없는
perpetually 영원히   pursue 쫓다   harass 괴롭히다

행복의 원천이 고통의 근원도 되어야만 하는 것인가.

삶에는 행복과 고통이라는 이중성이 존재하며, 이 둘은 동일한 근원에서 비롯될 때가 많다. 무언가를 깊이 사랑하고 소중히 여길수록 그것을 잃거나 얻지 못했을 때 느끼는 상실감 또한 커진다. 같은 대상이라도 상황에 따라 다른 감정을 불러일으키기도 한다. 베르테르는 자연의 아름다움을 통해 커다란 행복을 느꼈으나, 이루어질 수 없는 사랑으로 인해 결국 그 행복이 극도의 고통으로 바뀌게 된다. 이는 삶이 가진 본질적 이중성을 보여 주며, 인간은 행복과 고통, 사랑과 상실이라는 양극단 사이에서 균형을 찾으며 살아갈 수밖에 없는 존재임을 나타낸다.

삶의 이중성

목걸이 기드모파상

Madame Loisel looked old now. She had become the woman of impoverished households—strong and hard and rough. With frowsy hair, skirts askew and red hands, she talked loud while washing the floor with great swishes of water. But sometimes, when her husband was at the office, she sat down near the window and she thought of that gay evening of long ago, of that ball where she had been so beautiful and so admired. What would have happened if she had not lost that necklace? Who knows? Who knows? How strange and changeful is life! How small a thing is needed to make or ruin us!

—<The Diamond Necklace> by Guy de Maupassant, translated by A.E. Henderson et al.

...

루아젤 부인은 이제 나이 들어 보였다. 그녀는 가난한 가정의 여인이 되어 있었다. 억척스럽고 드세고 거칠었다. 머리는 부스스하고 치마는 아무렇게나 걸쳤으며, 손은 빨갛게 된 채로 물을 세차게 뿌려 가며 바닥을 닦는 동안 큰 소리로 떠들었다. 그러나 남편이 출근하면 가끔은 창가에 앉아 오래전의 그 즐거웠던 밤, 자신이 너무도 아름다웠고 엄청난 찬탄을 받았던 무도회가 있던 밤을 떠올렸다. 그 목걸이를 잃어버리지 않았더라면 어떻게 되었을까? 누가 알겠는가? 누가 알겠어? 인생이란 참으로 이상하고도 무상하구나! 사소한 일 하나가 우리를 흥하게도 하고 망하게도 하다니!

—<목걸이> 기드 모파상 지음, A. E. 헨더슨 외 번역

impoverished 가난한   frowsy 머리가 부스스한   askew 삐뚤어진   gay 즐거운
admired 감탄을 자아내는   changeful 변덕스러운, 무상한   ruin 망하게 하다

사소한 일 하나가 삶을 얼마나 달라지게 하는지.

모파상은 300편이 넘는 단편 소설을 남겼다. 그의 대표작 중 하나인 <목걸이(1884)>는 친구에게 빌린 다이아몬드 목걸이를 잃어버린 후 목걸이 값을 되갚기 위해 오랜 시간 가난과 고생을 견뎠지만 그 목걸이가 가짜였다는 사실을 우연히 알게 된다는 이야기다. 인간에 대한 심리 묘사가 돋보이는 이 작품은 삶에서 일어나는 아주 사소한 일 하나가 한 사람의 인생에 얼마나 큰 영향을 끼치는지 보여 줌으로써 인생에서 중요한 가치가 무엇인지 생각하게 한다.

삶과 운명

독일인의 사랑 막스 뮐러

An old sage says: "I saw the fragments of a wrecked boat floating on the sea. Only a few meet and hold together a long time. Then comes a storm and drives them east and west, and here below they will never meet again. So it is with mankind. Yet no one has seen the great shipwreck."

—<Memories: A Story of German Love> by Max Müller, translated by George P. Upton, Second Memory

...

어느 현자가 말하길, "나는 난파된 배의 조각들이 바다 위를 떠다니는 것을 보았다. 그중 일부만이 만나서 오랫동안 함께 머물렀다. 그러다 폭풍이 와서 그것들을 동쪽과 서쪽으로 흩어 버렸고, 다시는 이 세상에서 만나지 못할 것이다. 인간도 마찬가지다. 그러나 아무도 그 거대한 난파의 모습을 본 적이 없다."

—<독일인의 사랑> 막스 뮐러 지음, 조지 P. 업튼 번역, 두번째 회상

sage 현자, 현인   wrecked 난파된   fragment 파편, 조각   hold together 함께하다

아무도 그 거대한 난파의 모습을 본 적이 없다.

인용한 구절은 인간 관계의 덧없음과 운명의 불확실성을 비유적으로 표현하고 있다. 난파선의 파편들은 인류를 상징하며 우리가 삶에서 만나는 사람들과의 관계를 나타낸다. 어떤 관계는 오래 지속되기도 하지만 예기치 못한 사건(폭풍)으로 인해 헤어지기도 한다. 우리는 삶에서 일어나는 크고 작은 만남과 헤어짐의 이유를 완전히 이해하기 어렵고 늘 이별과 상실을 경험하며 살아갈 수밖에 없는 존재이다. 우리가 할 수 있는 건 지금 이 순간의 만남과 인연을 더 소중히 여기는 것뿐이리라.

삶과 운명

주홍 글씨 너새니얼 호손

[…] it may seem marvellous, that this woman should still call that place her home, where, and where only, she must needs be the type of shame. But there is a fatality, a feeling so irresistible and inevitable that it has the force of doom, which almost invariably compels human beings to linger around and haunt, ghostlike, the spot where some great and marked event has given the colour to their lifetime; and, still the more irresistibly, the darker the tinge that saddens it.

—〈The Scarlet Letter〉 by Nathaniel Hawthorne, Chapter 5

…
(…) 이 여인이 여전히 그곳을 자신의 집이라 부른다는 것이 놀랍게 보일 수도 있다. 그곳은, 그리고 오직 그곳에서만, 그녀가 반드시 치욕의 상징이 되어야 하는 곳인데도 말이다. 그러나 숙명이라는 것이 있다. 이는 도저히 거부할 수도 피할 수도 없는 감정으로, 운명의 힘을 지녔으며, 거의 예외 없이 인간으로 하여금 크고 두드러진 사건이 그들의 생애를 물들인 장소 주변을 맴돌며 유령처럼 떠돌게 만든다. 그리고 슬프게 하는 색조가 어두우면 어두울수록, 더욱 더 거부할 수 없게 만든다.

—〈주홍 글씨〉 너새니얼 호손, 5장

marvellous 놀라운   must needs be ~일 수밖에 없다(must necessarily be)   fatality 숙명
irresistible 거부할 수 없는   inevitable 피할 수 없는   invariably 변함없이   compel 강요하다
linger around 주변을 서성이다   haunt (유령이) 출몰하다   marked 중요한, 두드러진   tinge 색조

숙명은 운명의 힘을 지닌다.

너새니얼 호손은 <주홍글씨>에서 헤스터 프린이 간통죄로 인해 수치심의 상징이 된 보스톤에 머무른 것을 숙명의 힘, 즉 운명과 같은 불가항력적인 이끌림 때문이라고 설명하고 있다. 인간은 삶의 중요한 사건, 특히 고통스러운 기억이 깃든 장소에 마치 운명에 묶인 듯 머무르는 경향이 있다고 한다. 하지만 헤스터는 그 운명을 수동적으로 받아들이는 대신, 적극적으로 자신의 삶을 개척해 나간다. 이러한 선택은 결국 그녀를 과거에 얽매인 희생자가 아니라 자신의 운명을 스스로 만들어 나가는 강인한 생존자로 변화시켰다. 때로는 운명과 같은 힘이 우리를 특정한 길로 이끌지라도, 그 안에서 어떤 선택을 하고 어떻게 살아가느냐에 따라 우리의 삶이 완전히 달라질 수 있음을 보여 주고 있다.

삶과 죽음

예언자 칼릴지브란

You would know the secret of death.
But how shall you find it unless you seek it in the heart of life?
The owl whose night-bound eyes are blind unto the day cannot unveil the mystery of light.
If you would indeed behold the spirit of death, open your heart wide unto the body of life.
For life and death are one, even as the river and the sea are one.

—<The Prophet> by Kahlil Gibran, On Death

...

그대들은 죽음의 비밀을 알고 싶어 하는구나.
하지만 삶의 한가운데서 죽음을 찾지 않으면 어떻게 발견할 수 있을까?
밤에 매인 눈으로 낮을 볼 수 없는 올빼미는 빛의 신비를 밝혀낼 수 없다.
정말로 죽음의 본질을 보고자 한다면 삶 자체를 향해 가슴을 활짝 열라.
삶과 죽음은 한몸이니, 강과 바다가 하나이듯이.

—<예언자> 칼릴 지브란, 죽음에 관하여

how shall you find 어떻게 찾을 것인가(how will you find)　　unveil 밝혀내다　　behold ~을 보다
unto ~을 향해(to)　　even as ~와 마찬가지로

삶과 죽음은 한몸이다.

인용한 구절은 삶과 죽음의 관계에 대한 철학적 통찰을 담고 있다. 칼릴 지브란은 죽음이 삶과 분리된 별개의 존재가 아니라 삶의 일부이며 삶 속에서 그 의미를 찾아야 한다고 말한다. 삶과 죽음의 관계를 강과 바다의 관계에 비유했듯이 죽음을 종말이 아닌 삶의 일부이자 연속된 흐름으로 보고 있다. 죽음에 대한 두려움을 내려놓고 삶을 온전히 받아들일 때 비로소 죽음을 이해할 수 있다는 뜻이기도 할 것이다.

삶과 죽음

벚꽃동산 <small>안톤 체호프</small>

GAEV. You'll die, all the same.
TROFIMOV. Who knows? And what does it mean—you'll die? Perhaps a man has a hundred senses, and when he dies only the five known to us are destroyed and the remaining ninety-five are left alive.

—<The Cherry Orchard> by Anton Chekov,
translated by Julius West, Act 2

· · ·

가예프 어차피 사람은 죽어요.
트로피모프 누가 알겠어요? 그리고 죽는다는 것이 무슨 의미일까요? 아마도 인간에게는 백 가지 감각이 있는데, 죽을 때 우리가 알고 있는 다섯 가지 감각만 파괴되고 나머지 아흔 다섯 가지는 살아남는 걸지도 모르죠.

—<벚꽃동산> 안톤 체호프 지음, 줄리어스 웨스트 번역, 2막

---

all the same 어쨌든   sense 감각   remaining 남아 있는

아흔 다섯 가지 감각은 살아남는 것일 수도.

극 중 캐릭터인 트로피모프는 죽음을 다섯 가지 감각(시각, 청각, 후각, 미각, 촉각)의 소멸로만 보지 않고, 인간 존재의 더 깊은 차원이 남아 있는 것일 수도 있다고 말한다. 인간에게 죽음은 피할 수 없는 현실이지만, 그 의미를 어떻게 받아들이고 해석할 것인지는 결국 각자의 몫일지도 모르겠다. 가예프처럼 절망적인 숙명으로 받아들일 수도 있고, 트로피모프처럼 미지의 가능성을 열어 두는 새로운 시각으로 접근할 수도 있다. <벚꽃동산>에서도 드러나듯이 변화와 종말을 어떻게 받아들이느냐에 따라 삶에 대한 태도와 삶의 의미가 달라질 테니까.

변신 프란츠 카프카

He thought back on his family with emotion and love. If it was possible, he felt that he must go away even more strongly than his sister. He remained in this state of empty and peaceful rumination until he heard the clock tower strike three in the morning. He watched as it slowly began to get light everywhere outside the window too. Then, without his willing it, his head sank down completely, and his last breath flowed weakly from his nostrils.

—<Metamorphosis> by Franz Kafka,
translated by David Wyllie, Chapter 3

...

그는 말할 수 없는 감정과 사랑을 담아 가족을 떠올렸다. 할 수만 있다면 자신이 사라져야 한다는 생각은 누이동생의 생각보다 훨씬 더 확고했다. 시계탑이 새벽 세 시를 알리는 소리가 들릴 때까지 그는 이러한 공허하고 평화로운 명상에 잠겨 있었다. 그는 창문 너머로도 온 세상이 서서히 밝아 오는 모습을 지켜보았다. 그러다가 자신도 모르게, 고개가 아래로 푹 숙여졌고, 마지막 숨이 콧구멍에서 가늘게 흘러나왔다.

—<변신> 프란츠 카프카 지음, 데이빗 와일리 번역, 3장

think back on 떠올리다, 회상하다 remain 유지하다 rumination 깊은 생각, 반추
strike (시계가) 치다 sink down 내려앉다

죽음마저도 외로웠다.

프란츠 카프카는 41세의 나이에 결핵으로 고통스럽게 사망했다. 목에 생긴 농양(abscess)으로 인해 생의 마지막 순간까지 음식을 섭취할 수 없었다고 한다. <변신>에서 그레고르는 아버지가 던진 사과에 맞은 상처가 곪아 가면서 죽음을 맞이한다. 가족을 위해 열심히 일하던 어느 날 갑자기 벌레로 변한 후 자신을 돌봐 주던 여동생마저도 자신이 사라져야 한다고 외치는 말을 듣게 된다. 가족 모두에게 외면 당했지만 죽는 순간까지도 가족을 떠올리며 조용히 자신의 죽음을 받아들인다. 청소를 하러 왔던 가정부가 그레고르를 발견하고 가족들에게 그의 죽음을 알리자 가족들은 모처럼 홀가분한 마음으로 집을 나선다.

삶의 의미 찾기

80일간의 세계 일주 쥘베른

Phileas Fogg had won his wager, and had made his journey around the world in eighty days. To do this he had employed every means of conveyance-steamers, railways, carriages, yachts, trading vessels, sledges, elephants. The eccentric gentleman had throughout displayed all his marvellous qualities of coolness and exactitude. But what then? What had he really gained by all this trouble? What had he brought back from this long and weary journey?
Nothing, say you? Perhaps so; nothing but a charming woman, who, strange as it may appear, made him the happiest of men!

—<Around the World in Eighty Days> by Jules Verne, translated by George M. Towle, Chapter 37

...

필리어스 포그는 내기에 이겼고, 80일 만에 세계 일주를 마쳤다. 이를 위해 그는 증기선, 기차, 마차, 요트, 무역선, 썰매, 코끼리 등 모든 운송 수단을 이용했다. 이 괴짜 신사는 여행 내내 놀라울 정도로 침착하고 정확한 성격을 보여 주었다. 그렇지만 어쩌란 말인가? 그는 이 모든 수고를 통해 과연 무엇을 얻었는가? 이 길고 힘든 여정에서 그는 무엇을 가지고 돌아왔는가?
아무것도 없다는 말인가? 어쩌면 그럴지도 모른다. 어떤 한 매력적인 여인 외에는 아무것도 없을지도. 그런데 이 여인은, 뜻밖에도, 그를 세상에서 가장 행복한 남자로 만들어 주었다!

—<80일간의 세계 일주> 쥘 베른 지음, 조지 M. 타올 번역, 37장

wager 내기   employ 사용하다   means of conveyance 운송 수단   eccentric 별난, 괴짜의
throughout 처음부터 끝까지   quality 자질   exactitude 정확성   weary 지친

94

그는 이 모든 수고 끝에 무엇을 얻었을까.

쥘 베른(1828-1905, 프랑스)은 과학 기술의 발전을 예견한 대표작 <해저 2만리(1870)>와 <80일간의 세계 일주(1873)>로 현대 과학소설(SF)의 아버지로 불린다. <80일 간의 세계 일주>는 냉철하고 정확한 영국 신사 필리어스 포그(Phileas Fogg)가 2만 파운드를 걸고 80일 만에 세계 일주하는 모험을 그린 소설이다. 그는 하인 파스파르투와 함께 온갖 교통수단을 이용하여 유럽, 아시아, 아메리카 대륙을 넘나들며 예측 불가능한 사건과 위기를 헤쳐 나간다. 이 과정에서 포그는 냉철함과 용기, 그리고 인간적인 따뜻함을 보여 주며 의외의 결말을 통해 진정한 삶의 의미가 무엇인지를 돌아보게 한다.

삶의 의미 찾기

키다리 아저씨 진 웹스터

I've discovered the true secret of happiness, Daddy, and that is to live in the now. Not to be forever regretting the past, or anticipating the future; but to get the most that you can out of this very instant. It's like farming. You can have extensive farming and intensive farming; well, I am going to have intensive living after this. I'm going to enjoy every second, and I'm going to KNOW I'm enjoying it while I'm enjoying it.

―<Daddy-Long-Legs> by Jean Webster, from a letter of January 11

...

저는 진정한 행복의 비결을 발견했어요, 아저씨. 그건 지금 이 순간을 사는 거예요. 과거를 영원히 후회하거나 미래를 기대하는 것이 아니라, 바로 지금 이 순간에서 최대한 많은 것을 얻어 내는 거지요. 그건 농사짓는 것과 같아요. 광범위한 농사와 집중적인 농사가 있죠. 음, 저는 지금부터 집중적인 삶을 살 거예요. 매 순간을 즐길 거예요, 그리고 그 순간을 즐기면서 내가 즐기고 있다는 사실을 알 거예요.

―<키다리 아저씨> 진 웹스터, 1월 11일 편지 중에서

discover 발견하다   regret 후회하다   anticipate 기대하다   extensive 광범위한
intensive 집중적인

매 순간을 즐기면서 내가 즐기고 있다는 것을 알 거예요.

진 웹스터(1876-1916, 미국)는 소설가이자 사회 운동가였으며 여성의 교육과 아동 복지에 관심이 많았다. 대표작인 <키다리 아저씨(1912)>는 고아 소녀 주디(Judy)가 후원자의 도움으로 대학에 진학하여 지적, 정서적, 사회적으로 성숙해 가면서 삶의 주체로 성장하는 여정을 그린 편지 형식의 소설이다. 주디는 익명의 후원자가 고아원에 다녀간 날 보았던 긴 그림자 때문에 그를 "Daddy-Long-Legs"라 부르기로 한다. 원래는 다리가 긴 곤충을 뜻하는 말인데 이 소설에서는 키가 큰 사람이라는 뜻의 애칭으로 쓰고 있다. 인용한 구절은 주디가 지금 이 순간에 집중하며 살아가겠다는 결심을 알리는 부분이다.

삶의 의미 찾기

키다리 아저씨 진 웹스터

Most people don't live, they just race. They are trying to reach some goal far away on the horizon, and in the heat of the going they get so breathless and panting that they lose all sight of the beautiful, tranquil country they are passing through; and then the first thing they know, they are old and worn out, and it doesn't make any difference whether they've reached the goal or not. I've decided to sit down by the way and pile up a lot of little happinesses, even if I never become a Great Author.

—<Daddy-Long-Legs> by Jean Webster, from a letter of January 11

...

대부분의 사람들은 살아가지 않고 경주만 하죠. 저 멀리 지평선 너머의 목표를 향해 온 힘을 다해 달리느라 숨이 차고 헉헉거리게 되어, 지나치는 아름답고 평온한 시골 풍경을 전혀 보지 못해요. 그러다 정신을 차려 보면, 늙고 지쳐서 목표에 도달했는지 여부는 아무런 의미가 없는 거예요. 저는 길가에 앉아 작은 행복을 많이 쌓기로 결심했어요. 위대한 작가가 되지 못하더라도 말이에요.

—<키다리 아저씨> 진 웹스터, 1월 11일 편지 중에서

in the heat of 한창 ~ 중에, ~에 열중하여   panting 숨을 헐떡거리는   tranquil 평온한
pass through 지나가다   worn out 지친   pile up 쌓아 올리다

저는 작은 행복을 많이 쌓기로 결심했어요.

주디는 사람들이 눈앞에 펼쳐진 아름답고 평온한 풍경조차 제대로 바라보지 못한 채 그저 목표를 향해 달려가기만 하다가 결국 나이 들고 지쳐 버린다고 말하며 그것은 삶을 사는 것이 아니라고 말한다. 그래서 무작정 달리는 대신 길가에 앉아 쉬어 가는 삶을 살겠다고 결심한다. 이는 바로 앞 페이지의 인용문과 이어지는 내용으로 진정한 삶의 의미는 일상 속의 작고 소소한 행복들을 소중히 여기고 그 행복을 쌓아 나가는 데에 있다는 메시지를 전한다. 삶의 가치가 도착점에 있는 것이 아니라 삶이라는 여정을 어떻게 살아 내느냐에 달려 있다는 사실을 다시 한 번 일깨워 준다.

삶을 대하는 태도

빨간 머리 앤   루시모드 몽고메리

Isn't it splendid to think of all the things there are to find out about? It just makes me feel glad to be alive—it's such an interesting world. It wouldn't be half so interesting if we knew all about everything, would it? There'd be no scope for imagination then, would there?

—<Anne of Green Gables> by Lucy Maud Montgomery, Chapter 2

...

알아낼 것들이 이렇게 많다고 생각하면 정말 멋지지 않나요? 그 생각만으로도 살아있다는 것이 기쁘게 느껴져요. 세상은 정말 흥미로운 곳이니까요. 우리가 모든 걸 다 알고 있다면, 지금의 절반도 흥미롭지 않을 거예요, 그렇지 않나요? 그러면 상상력을 발휘할 여지도 없을 테니까요, 그렇지 않겠어요?

—<빨간 머리 앤> 루시 모드 몽고메리, 2장

splendid 멋진, 훌륭한   **scope** 여지, 기회

세상일을 모두 알고 있다면 흥미롭지 않으니까.

루시 모드 몽고메리(1874-1942, 캐나다)의 대표작 <빨간 머리 앤(1908)>은 실수로 마릴라와 매튜 커스버트 남매에게 입양된 고아 소녀 앤(Anne)의 성장 이야기다. 인용한 구절은 책을 좋아하고 상상력이 풍부한 앤이 매튜를 처음 만나서 초록 지붕 집으로 향하는 마차에서 하는 말이다. 앤은 마차를 타고 가는 동안 주변의 모든 것에 감탄하며 끊임없이 질문하고 상상의 나래를 펼친다. 매튜는 그런 모습에 당황하면서도 점차 앤의 매력에 빠지게 된다. 작가 몽고메리는 이 소설에서 앤이라는 매력적인 캐릭터를 통해 세상에 대한 긍정적인 시각과 삶의 태도, 그리고 상상력의 힘이 우리 삶을 얼마나 풍요롭고 빛나게 하는지 들려주고 있다.

삶을 대하는 태도

곰돌이 푸 　A.A. 밀른

"When you wake up in the morning, Pooh," said Piglet at last, "what's the first thing you say to yourself?"
"What's for breakfast," said Pooh. "What do you say, Piglet?"
"I say, I wonder what's going to happen exciting today?" said Piglet. Pooh nodded thoughtfully. "It's the same thing," he said.

　　　　　—<Winnie-the-Pooh> by A.A. Milne, Chapter 10

"아침에 일어나면, 푸, 너는 제일 먼저 무슨 생각을 하니?" 피글렛이 마침내 말했다.
"아침으로 뭘 먹을까 생각하지." 푸가 말했다. "넌 무슨 생각해, 피글렛?"
"난 오늘은 무슨 신나는 일이 생길까 궁금해하지." 피글렛이 말했다.
푸는 생각에 잠긴 채 고개를 끄덕였다. "똑같은 거야." 그가 말했다.

　　　　　—<곰돌이 푸> A.A. 밀른, 10장

say to oneself 마음속으로 생각하다 　　nod 고개를 끄덕이다 　　thoughtfully 생각에 잠겨난 오늘 무슨 신나는 일이 생길까 궁금해.

밀른(1882-1956, 영국)의 대표작 <곰돌이 푸(1926)>는 아들 크리스토퍼 로빈과 인형들에게서 영감을 받은 작품으로 알려져 있다. 단순한 문체로 순수하고 따뜻한 감성을 담아냄으로써 전 세계인이 사랑하는 고전 중 하나가 되었다. 인용한 부분은 잘 알려진 유명한 대화이다. 피글렛은 아침마다 "오늘은 무슨 신나는 일이 생길까?"라는 기대감으로 하루를 시작한다. 반면, 푸는 "아침은 뭐 먹지?"라는 현실적인 질문으로 하루를 시작한다. 그럼에도 이 둘의 공통점은 기대하는 마음으로 하루를 시작한다는 데 있다. 매일 아침 설렘과 기대로 하루를 시작한다면 우리의 삶에 주어지는 하루하루가 항상 선물과도 같을 것이다.

삶을 대하는 태도

노인과 바다 어니스트 헤밍웨이

"I should have brought a stone." You should have brought many things, he thought. But you did not bring them, old man. Now is no time to think of what you do not have. Think of what you can do with what there is.

—<The Old Man and the Sea> by Ernest Hemingway

•••

"돌을 가져왔어야 해." 가져왔어야 하는 게 많구나, 하고 그는 생각했다. 하지만 가져오지 않았잖아, 이 늙은이야. 지금은 가지고 있지 않은 걸 생각할 때가 아니야. 지금 있는 것으로 무엇을 할 수 있는지 생각해 보라고.

—<노인과 바다> 어니스트 헤밍웨이

should have p.p. ~했어야 했다   stone 돌(여기서는 칼을 가는 데 쓰는 숫돌을 가리킴)

지금 가진 것으로 뭘 할 수 있는지가 더 중요한 거야.

숫돌은 칼을 날카롭게 만들어 상어와 싸우는 데 필요한 생존 도구를 유지하기 위한 필수품이다. 산티아고는 필요한 장비가 부족함을 깨닫지만 좌절하지 않고 현재 상황에서 할 수 있는 최선을 다하겠다는 굳은 결심을 한다. 이미 상어에게 청새치의 상당 부분을 뜯어 먹힌 상황이지만 좌절하거나 포기하는 대신 주어진 상황에서 최선을 다하겠다는 의지를 보이는 것이다. 홀로 고난에 맞서는 산티아고에게 가장 중요한 것은 외부적인 환경이나 조건이 아니라 바로 그의 강인한 정신력이었다.

Part 04

관계

여자의 일생 기드모파상

There are such moments, when all appears changed around us; even our motions seem to have a new meaning; even the hours of the day, which seem to be out of their usual time. She felt bewildered, above all else, bewildered. Last evening nothing had as yet been changed in her life; the constant hope of her life seemed only nearer, almost within reach. She had gone to rest a young girl; she was now a married woman. She had crossed that boundary that seems to conceal the future with all its joys, its dreams of happiness. She felt as though a door had opened in front of her; she was about to enter into the fulfillment of her expectations.

—〈Une Vie〉 by Guy de Maupassant, translated by Albert M.C. McMaster, et al., Chapter 4

...

우리 주변의 모든 것이 변한 것처럼 보이는 그런 순간들이 있다. 우리의 움직임조차 새로운 의미를 지니고 있는 듯하고, 하루의 시간마저도 평소의 흐름에서 벗어난 것처럼 보인다. 그녀는 당혹스러웠다. 무엇보다도 당혹스러웠다. 어젯밤까지만 해도 그녀의 삶에는 아직 아무런 변화도 없었다. 평생 품어 온 희망이 한층 더 가까워진 것처럼 보였고 거의 손에 닿을 듯했다. 아가씨로 잠자리에 들었는데 이제는 결혼한 여자가 되어 있었다. 온갖 기쁨과 행복에 대한 꿈을 품은 미래를 감추고 있는 것처럼 보이는 경계를 넘은 것이다. 마치 눈앞에서 문이 열린 것 같았고, 기대가 실현되는 곳으로 막 들어서려 하고 있었다.

—〈여자의 일생〉 기드모파상 지음, 앨버트 M.C. 맥마스터 외 번역, 4장

bewildered 혼란스러운   above all else 무엇보다도   almost within reach 거의 손에 닿을 듯한
go to rest 잠자리에 들다(go to bed)   enter into ~로 들어가다(요즘은 into를 잘 쓰지 않음)

그녀는 자신의 기대가 실현되려는 순간에 있었다.

모파상은 삶의 큰 전환점에서 인간이 느끼는 감정의 미묘한 결을 섬세하게 그려 내고 있다. 이 인용문은 주인공 잔느가 결혼이라는 새로운 관계와 새로운 삶의 시작 앞에 선 순간을 담고 있다. 결혼한 다음 날, 하루의 시간마저 낯설게 느껴질 만큼 모든 것이 달라진 듯한 기분에 휩싸인 그녀는 혼란스럽지만 동시에 벅찬 감정을 느낀다. 오랫동안 꿈꿔 왔던 일이 현실로 눈앞에 다가온 것이다. 이 장면은 기대와 혼란, 설렘과 불안이 동시에 존재하는 변화의 문턱에 서 있는 여주인공 잔느의 감정을 보여 준다.

새로운 관계의 시작, 결혼

오만과 편견   제인 오스틴

I wish Jane success with all my heart; and if she were married to him tomorrow, I should think she had as good a chance of happiness as if she were to be studying his character for a twelvemonth. Happiness in marriage is entirely a matter of chance. If the dispositions of the parties are ever so well known to each other, or ever so similar beforehand, it does not advance their felicity in the least. They always continue to grow sufficiently unlike afterwards to have their share of vexation.

—<Pride and Prejudice> by Jane Austen, Chapter 6

...

나는 제인이 성공하길 진심으로 바라. 그녀가 내일 그와 결혼하더라도, 1년 동안 그의 성격에 대해 자세히 알아본 것만큼 행복의 가능성이 있다고 생각해. 결혼 생활에서 행복은 전적으로 운의 문제거든. 당사자들의 성향을 아무리 서로 잘 안다고 해도, 혹은 결혼 전에 아무리 비슷하다고 해도, 더 행복해지는 데 전혀 도움이 안 돼. 결혼 후에는 각자 마음고생할 몫이 생기게 될 정도로 계속해서 충분히 달라지게 마련이거든.

—<오만과 편견> 제인 오스틴, 6장

I should think 아마 ~일 것이다   a twelvemonth 1년(고어)   disposition 성향
ever so 매우, 아무리 ~하더라도   beforehand 미리, 사전에   felicity 행복
not in the least 조금도 ~ 않는   vexation 짜증, 괴로움

결혼 생활의 행복은 전적으로 운에 달려 있다.

제인 오스틴(1775-1817, 영국)의 <오만과 편견(1813)>은 중산층 출신의 엘리자베스와 부유한 상류층 집안의 다아시가 서로에 대한 오해와 편견을 극복하며 사랑과 성장을 이루는 이야기다. 여러 등장인물들의 사랑과 결혼에 대한 다양한 관점과 선택을 잘 그려 냈다. 19세기 초 영국 여성은 정치, 경제, 직업, 교육 등 거의 모든 영역에서 제약을 받았고 재산도 물려받지 못했기에 결혼은 사회적 지위와 경제적 안정을 확보할 수 있는 유일한 수단이나 다름없었다. 인용한 부분은 결혼에 대해 현실적인 관점을 가진 샬럿의 말이다.

타인과의 관계

80일간의 세계 일주 쥘베른

He lived alone, and, so to speak, outside of every social relation; and as he knew that in this world account must be taken of friction, and that friction retards, he never rubbed against anybody.

―<Around the World in Eighty Days> by Jules Verne, translated by George M. Towle, Chapter 2

...

그는 혼자 살았고, 말하자면, 모든 사회적 관계에서 벗어나 살았다. 그리고 그는 이 세상에서 마찰을 고려해야 하며 마찰은 지연을 초래한다는 것을 알았기 때문에, 결코 누구와도 접촉하지 않았다.

―<80일간의 세계 일주> 쥘 베른 지음, 조지 M. 타울 번역, 2장

so to speak 말하자면, 이를테면   account must be taken of ~을 고려해야 한다
friction 마찰, 갈등   retard 지연되다   rub against ~와 마찰을 일으키다, 접촉하다

마찰을 피하기 위해 고립을 택하다.

쥘 베른은 <80일간의 세계 일주>에서 필리어스 포그(Phileas Fogg)라는 매력적인 인물을 창조해 냈다. 그는 자신의 삶을 시계처럼 정확하게 운영하길 원했고 인간관계가 가져올 수 있는 예측 불가능을 피하고자 했다. 그래서 그는 누구에게도 닿지 않고(rubbed against), 누구에게도 방해받지 않는 삶을 추구한다. 하지만 그는 세계 일주를 통해 예측할 수 없는 요소와 우연의 가치를 받아들이고, 결국 고독한 완벽주의자에서 타인과 교감하고 사랑을 느끼며 위기에 대처하는 인간적인 인물로 변화하게 된다.

타인과의 관계

프랑켄슈타인 메리셸리

Shall I respect man, when he condemns me? Let him live with me in the interchange of kindness, and instead of injury, I would bestow every benefit upon him with tears of gratitude at his acceptance. But that cannot be; the human senses are insurmountable barriers to our union. Yet mine shall not be the submission of abject slavery. I will revenge my injuries: if I cannot inspire love, I will cause fear.

—⟨Frankenstein⟩ by Mary Shelley, Chapter 17

...

인간이 나를 경멸하는데 내가 인간을 존중해야 하는가? 친절을 나누면서 나와 함께 살도록 해 주면, 해를 끼치는 대신 나를 받아 준 것에 대해 감사의 눈물을 흘리며 인간에게 모든 호의를 베풀 것이다. 하지만 그건 있을 수 없는 일이지. 인간의 감각이 우리가 연합하는 데 있어서 넘을 수 없는 장벽이니까. 그렇다고 해서 비굴한 노예처럼 복종하지는 않을 것이다. 내가 받은 상처에 대해 복수하겠다. 사랑을 불러일으킬 수 없다면, 두려움을 불러일으킬 테다.

—⟨프랑켄슈타인⟩ 메리 셸리, 17장

condemn 비난하다, 경멸하다   interchange 교환   bestow A upon B B에게 A를 주다
benefit 호의, 친절   insurmountable 넘을 수 없는   submission 복종   abject 비굴한
revenge 복수하다(요즘은 avenge)   inspire 불러일으키다

인간에게 사랑을 일깨워 줄 수 없다면 두려움을 일으켜 주겠소.

괴물은 인간과 화합하고자 노력했지만 사람들은 그의 외형만 보고 두려워했다. 자신이 아무리 선한 의도를 가지고 있어도 인간은 겉모습만 보고 자신을 거부하기 때문에 인간과의 공존이 불가능하다고 절망한다. 결국 괴물은 자신을 거부한 인간들을 향해 분노하며 복수를 통해 자신을 인식시키겠다는 결심을 한다. 두려움을 일으켜서라도 자신의 존재를 인정받고자 한다.

외투 니콜라이 고골

On catching sight of him afar off, they left their work, and waited, drawn up in line, until he had passed through the room. His ordinary converse with his inferiors smacked of sternness, and consisted chiefly of three phrases: "How dare you?" "Do you know whom you are speaking to?" "Do you realise who is standing before you?" Otherwise he was a very kind-hearted man, good to his comrades, and ready to oblige. But the rank of general threw him completely off his balance.

—<The Cloak> by Nikolai Gogol, translated by Constance Garnett

...

그를 멀리서 보자마자, 그들은 일을 멈추고 줄을 선 채로 그가 방을 통과할 때까지 기다렸다. 그가 부하들과 나누는 일상적인 대화에는 엄격함이 묻어났으며 주로 이 세 개의 어구로 이루어져 있었다. "어떻게 감히?" "지금 누구에게 말하고 있는지 아는가?" "앞에 서 있는 사람이 누구인지 알고 있는가?"
그 외에는 매우 친절한 사람이었고, 동료들에게 잘해 주며, 기꺼이 도와주려 했다. 하지만 장군이라는 계급은 완전히 그의 균형을 잃게 만들었다.

—<외투> 니콜라이 고골 지음, 콘스턴스 가넷 번역

catch sight of ~을 발견하다   afar off 멀리서(far away)   draw up in line 줄을 서다
converse 대화(conversation)   inferior 부하   smack of sternness 엄격함이 묻어나다
comrade 동료   oblige 호의를 베풀다

권위는 사람을 균형 잃게 만든다.

니콜라이 고골(1809-1852, 러시아)은 관료 사회의 부패, 인간 소외와 욕망 등을 깊이 있게 다뤘다는 평가를 받는다. 도스토예프스키와 체호프에게 큰 영향을 미친 작가로 알려져 있으며, 도스토예프스키는 "우리 모두는 고골의 '외투'에서 나왔다."라는 유명한 말을 남겼다. <외투(1842)>는 페테르부르크의 가난한 하급 관리 아카키가 자신의 낡은 외투를 새것으로 바꾸기 위해 모든 것을 희생하지만 외투를 도둑맞고 결국 죽음에 이른다는 이야기다. 인용한 구절은 아카키가 외투를 되찾기 위해 도움을 청했다가 거절당한 상급 관료에 대한 묘사로, 아카키의 비극적 운명에 직접적인 책임이 있는 인물이다. 개인으로서는 친절하지만 권위자로서는 냉혹한 모습은 사회적 지위와 역할이 어떻게 인간의 본질과 인간관계를 왜곡시키는지 풍자하고 있다.

도리언 그레이의 초상 오스카와일드

Not send it anywhere? My dear fellow, why? Have you any reason? What odd chaps you painters are! You do anything in the world to gain a reputation. As soon as you have one, you seem to want to throw it away. It is silly of you, for there is only one thing in the world worse than being talked about, and that is not being talked about.

—<The Picture of Dorian Gray> by Oscar Wilde, Chapter 1

...

그것(그림)을 어디에도 보내지 않는다고? 자네, 왜 그래? 무슨 이유라도 있는가? 화가들이란 정말 별난 친구들이야. 명성을 얻기 위해서라면 무엇이든 하지. 명성을 얻자마자, 그걸 내던지고 싶어 하는 것처럼 보여. 그건 정말 어리석은 짓이야. 왜냐면 세상에서 남의 입에 오르내리는 일보다 더 나쁜 게 딱 하나 있는데, 그건 바로 남의 입에 오르내리지 않는 것이거든.

—<도리언 그레이의 초상> 오스카 와일드, 1장

odd 이상한, 별난   chaps 사람들, 친구들(주로 남성)   reputation 명성

남의 입에 오르내리는 일보다 더 나쁜 건 오르내리지 않는 것이다.

아일랜드 태생의 오스카 와일드(1854-1900)는 영국의 극작가이자 시인이며 소설가이다. 재치 있는 언어 구사와 사회적 관습에 대한 풍자로 유명하다. <도리언 그레이의 초상>은 1890년에 발표 후 동성애와 퇴폐적인 내용을 다뤘다는 평단의 악평을 받고 수정하여 1891년에 재출간하였다. 오스카 와일드는 화제의 대상이 되는 것이 비난이나 악평을 받더라도 완전히 무시되는 것보다 낫다고 말한다. 물론 '남의 입에 오르내리는 것'이 항상 긍정적인 의미만을 가지는 것은 아니다. 하지만 와일드가 이 말을 통해 강조하고자 하는 것은 '아예 언급조차 되지 않는 무(無)의 상태'가 인간에게 더 큰 불안과 고독감을 안겨 줄 수 있다는 점이다.

타인과의 관계

프랑켄슈타인 메리 셸리

How can I move thee? Will no entreaties cause thee to turn a favourable eye upon thy creature, who implores thy goodness and compassion? Believe me, Frankenstein: I was benevolent; my soul glowed with love and humanity: but am I not alone, miserably alone? You, my creator, abhor me; what hope can I gather from your fellow creatures, who owe me nothing?

—〈Frankenstein〉 by Mary Shelley, Chapter 10

...

어떻게 해야 당신의 마음을 움직일 수 있을까? 아무리 애원해도 선량함과 연민을 구하는 당신의 피조물을 호의적으로 바라볼 수 없단 말인가? 정말이오, 프랑켄슈타인. 나는 선량했고 내 영혼은 사랑과 인간애로 빛났소. 하지만 나는 혼자가 아니오? 비참할 정도로 혼자가 아니오? 나의 창조주인 당신이 나를 혐오하는데, 내게 아무 빚진 바 없는 당신의 동족들에게서 어떤 희망을 얻을 수 있겠소?

—〈프랑켄슈타인〉 메리 셸리, 10장

thee you(고어)   entreaty 간청, 애원   thy your(고어)   implore 애원하다
compassion 연민, 동정   benevolent 자비로운, 선량한   humanity 인간애   abhor 혐오하다

어떻게 해야 당신의 마음을 움직일 수 있을까?

괴물이 자신의 창조자 프랑켄슈타인에게 직접 호소하는 장면으로, 그의 고독과 절망, 그리고 인정받고 싶은 갈망이 잘 드러나 있다. 인간과의 관계를 통해 선한 삶을 살고자 했지만 인간들에게 받아들여지지 못하면서 점점 절망에 빠지게 된다. 프랑켄슈타인마저 괴물을 혐오하고 외면함으로써 괴물은 철저히 외로운 존재가 되고 만다. 창조자로부터 버림받았기 때문에 인간 사회에서도 희망이 없다고 느낀다.

월든 헨리 데이빗 소로

Why should we be in such desperate haste to succeed, and in such desperate enterprises? If a man does not keep pace with his companions, perhaps it is because he hears a different drummer. Let him step to the music which he hears, however measured or far away. It is not important that he should mature as soon as an apple tree or an oak. Shall he turn his spring into summer?

—<Walden> by Henry David Thoreau, Conclusion

•••

왜 우리는 성공하기 위해 그렇게 필사적으로 서두르고, 그렇게 필사적인 일에 매달려야 하는 것일까? 만약 어떤 사람이 동료들과 보조를 맞추지 않는다면, 아마도 그것은 다른 고수의 북소리를 듣고 있기 때문일 것이다. 박자가 어떻든 얼마나 멀리서 들리든 그 음악에 맞춰 발걸음을 내딛게 두어라. 사과나무나 참나무만큼 빨리 성숙하는 것은 중요하지 않다. 그 사람이 자신의 봄을 여름으로 바꾸어야 한단 말인가?

—<월든> 헨리 데이빗 소로, 맺음말

desperate 필사적인   enterprise 일, 사업   keep pace with ~와 보조를 맞추다
companion 동료   however 아무리 ~할지라도   measured 신중한, 절제된   mature 성숙하다

자신만의 속도로 삶을 살아가라.

헨리 데이비드 소로(1817-1862, 미국)는 랠프 왈도 에머슨과 함께 미국 초월주의(Transcendentalism) 운동의 핵심 인물로 개인의 자아 실현과 자연과의 조화로운 삶을 강조하며, 물질적 풍요보다는 내면의 성찰과 정신적 자유를 중시했다. <월든(1854)>은 소로가 약 2년 2개월 동안 매사추세츠주 콩코드 근처 월든 호숫가에 지은 오두막에서 살며 경험한 자급자족의 삶과 사유를 기록한 작품이다. 개인의 자유, 자연과의 공존 등을 강조하며 현대 문명사회에 대한 성찰과 물질주의에 대한 비판을 담고 있다. 인용한 구절은 타인과의 비교나 사회적 성공의 압박에서 벗어나 내면의 소리에 귀 기울이고 자신만의 고유한 속도로 살아가는 것의 중요성을 일깨워 준다. 진정한 자유와 행복은 외부의 기준이 아니라 자신의 내면에서 비롯된다는 초월주의적 사상이 잘 드러나 있다.

빨간 머리 앤 루시모드 몽고메리

There's such a lot of different Annes in me. I sometimes think that is why I'm such a troublesome person. If I was just the one Anne it would be ever so much more comfortable, but then it wouldn't be half so interesting.

—<Anne of Green Gables> by Lucy Maud Montgomery, Chapter 20

...

내 안에는 아주 여러 가지 모습의 앤이 있나 봐. 가끔은 그래서 내가 말썽을 많이 피우나 하는 생각이 들기도 해. 앤이 한 명 뿐이라면 훨씬 더 편하겠지만, 그러면 절반만큼도 재미있지 않을 거야.

—<빨간 머리 앤> 루시 모드 몽고메리, 20장

troublesome 말썽을 피우는, 골치 아픈　　ever so 매우

내 안에는 아주 여러 가지 모습의 앤이 들어 있나 봐.

<빨간 머리 앤>은 상상력이 풍부하고 감수성이 예민한 고아 소녀 앤 셜리가 초록 지붕 집에서 성장하며 겪는 다양한 경험과 감정을 섬세하게 그려 낸다. 앤은 엉뚱하고 실수투성이지만 솔직하고 긍정적인 성격으로 주변 사람들을 매료시키는 매력을 지니고 있다. 이 인용문은 앤이 가장 친한 친구 다이애나에게 자신의 속마음을 털어놓는 장면이다. "내 안에는 아주 여러 가지 모습의 앤이 있나 봐."라는 말은 다양한 자아를 가진 자신을 있는 그대로 받아들이며 성장해 가는 앤의 모습을 보여 준다.

자기 자신과 건강한 관계 맺기

월든 헨리 데이빗 소로

Most men, even in this comparatively free country, through mere ignorance and mistake, are so occupied with the factitious cares and superfluously coarse labors of life that its finer fruits cannot be plucked by them. […] The finest qualities of our nature, like the bloom on fruits, can be preserved only by the most delicate handling. Yet we do not treat ourselves nor one another thus tenderly.

—<Walden> by Henry David Thoreau, Economy

…

대부분의 사람들은, 비교적 자유로운 이 나라에서조차도, 단순한 무지와 실수로 인해, 삶의 부질없는 걱정거리와 쓸데없이 거친 노동에 너무 몰두하느라 더 훌륭한 삶의 열매를 따지 못하고 있다. (…) 우리의 본성 중에서 가장 훌륭한 자질은, 과일 표면에 있는 가루처럼, 가장 섬세하게 다루어야만 보존될 수 있다. 그럼에도 우리는 우리 자신도, 서로에 대해서도 그렇게 부드럽게 대하지 않는다.

—<월든> 헨리 데이빗 소로, 경제

occupied with ~에 몰두한, ~로 바쁜   factitious 인위적인   superfluously 지나치게
coarse 거친   pluck (과일을) 따다   bloom 과일 표면의 가루   preserve 보존하다
delicate 섬세한   tenderly 부드럽게

우리는 자신과 서로를 좀 더 섬세하게 다룰 필요가 있다.

소로는 당대의 많은 사람들이 걱정거리와 거친 노동에 얽매여 사느라 '삶의 더 훌륭한 열매들'을 얻지 못한다고 말한다. 외부적인 것에 대한 집착보다 자신의 내면 세계를 섬세하게 탐색하고 보살펴야 함을 강조한다. 우리는 타인에 대해서 뿐 아니라 어쩌면 자기 자신을 가장 험하고 거칠게 다루고 있는지도 모른다. 자신의 불완전함이나 실수를 혹독하게 판단하고 비난한다. 하지만 소로는 내면적 가치와 잠재력은 조심스럽고 섬세하게 다루어야만 지켜질 수 있다고 말한다. 자신을 좀 더 따뜻하게 바라봐 주고 '섬세한 손길'로 자신을 보듬어 주는 것이야 말로 자신과 맺는 가장 건강하고 아름다운 관계의 시작이 될 것이다.

빨간 머리 앤 루시 모드 몽고메리

"But have you ever noticed one encouraging thing about me, Marilla? I never make the same mistake twice."
"I don't know as that's much benefit when you're always making new ones."
"Oh, don't you see, Marilla? There must be a limit to the mistakes one person can make, and when I get to the end of them, then I'll be through with them. That's a very comforting thought."

—<Anne of Green Gables> by Lucy Maud Montgomery, Chapter 21

…

"하지만 저에게 바람직한 면이 있다는 걸 눈치챈 적 있나요, 마릴라? 저는 같은 실수를 두 번 하지는 않아요."
"항상 새로운 실수를 하는데 그게 그다지 좋은 점인지는 모르겠구나."
"아, 모르시겠어요, 마릴라? 한 사람이 저지르는 실수에는 분명히 한계가 있을 거예요. 그래서 제가 그 끝에 이르면 그때는 실수하는 일이 완전히 끝날 거예요. 그런 생각을 하면 정말 마음이 편안해져요."

—<빨간 머리 앤> 루시 모드 몽고메리, 21장

---

notice 알아차리다   encouraging 바람직한   don't know as ~인지 잘 모른다(don't know if)
be through with ~을 끝내다

한 사람이 저지르는 실수에는 분명 한계가 있을 거야.

목사님 부부를 초대한 날, 앤은 실수로 바닐라 대신 진통제를 넣고 케이크를 구워 내놓는다. 감기에 걸렸던 앤은 냄새를 맡을 수 없어서 진통제를 넣은 줄은 꿈에도 몰랐다. 목사님 부부에게 자신이 직접 구운 케이크를 대접하려고 온 마음을 다해 신경 써서 준비하고 식탁 장식도 멋지게 해냈지만 큰 실수를 하고 만 것이다. 너 같은 실수투성이는 처음 본다는 마릴라의 말에 앤은 이렇게 답한다. 한 사람이 저지르는 실수의 숫자에는 분명 한계가 있을 거라고, 그래서 그 끝에 이르면 실수하는 일이 없을 거라고 말이다.

이별

굿바이, 미스터 칩스 제임스 힐턴

If you come and see me again in years to come—as I hope you all will—I shall try to remember those older faces of yours, but it's just possible I shan't be able to—and then someday you'll see me somewhere and I shan't recognize you and you'll say to yourself, 'The old boy doesn't remember me.' [Laughter] But I *do* remember you—as you are *now*. That's the point. In my mind you never grow up at all. Never.

—<Goodbye, Mr. Chips> by James Hilton, Chapter 12

...

훗날 여러분이 저를 다시 찾아와 준다면—모두들 그래 주기를 제가 바라는 것처럼—저는 여러분의 나이 든 모습을 기억해 보려고 하겠지만, 기억하지 못할 수도 있습니다. 그러고 나서 어느 날 어디선가 저를 만났는데 제가 알아보지 못하면 여러분은 속으로 이렇게 생각할 겁니다. '저 노인네가 나를 기억하지 못하는군.'(웃음) 하지만 저는 여러분을 분명히 기억하고 있습니다. 여러분의 지금 모습 그대로 말입니다. 그게 중요한 거지요. 제 마음속에서 여러분은 절대 자라지 않습니다. 절대로요.

—<굿바이, 미스터 칩스> 제임스 힐턴, 12장

in years to come 훗날　　shan't ~하지 않을 것이다(won't)　　recognize (사람을) 알아보다
say to oneself 속으로 생각하다

이별 후에도 마음속에 새겨진 기억은 영원하다.

<굿바이 미스터 칩스(1934)>는 20세기 영국의 주요 작가 중 한 명인 제임스 힐턴(1900-1954)의 대표작 중 하나로, 출간 즉시 큰 인기를 얻어 여러 차례 영화로도 제작되었다. 노년의 칩스 선생님이 교사로, 남편으로, 한 사람의 인간으로 살아온 시간들이 시대적인 배경과 함께 따뜻한 감성과 유머로 잘 담겨 있다. 이 소설은 책 전체를 읽으면서 그 감성과 감동을 이야기의 흐름 속에서 고스란히 느껴 봐야 하는 책이다. 인용한 구절은 칩스 선생님이 정년을 맞이해서 평생 몸담았던 학교를 떠나며 전하는 마지막 작별 인사이다.

이별

예언자 칼릴지브란

When you part from your friend, you grieve not;
For that which you love most in him may be clearer in his absence,
as the mountain to the climber is clearer from the plain.

—<The Prophet> by Kahlil Gibran, On Friendship

...

친구와 이별할 때, 그대들 슬퍼하지 말라
그 친구에게서 가장 사랑하는 점이 친구의 부재 중에 더 선명해질 것이니
마치 산을 오르는 사람에게 평지에서 산이 더 또렷하게 보이는 것처럼.

—〈예언자〉 칼릴 지브란, 우정에 관하여

part from ~와 헤어지다   grieve 슬퍼하다   absence 부재   plain 평지

이별은 상대방을 더 깊이 알게 해 준다.

살다 보면 때로는 멀리서 바라봄이 필요할 때가 있다. 익숙한 일상도, 내가 하는 일도, 가까운 사람들도 거리를 두고 바라볼 때 더 새롭고 소중하게 느껴진다. 그래서 우리는 집을 떠나 여행을 가고, 멀리 떨어져 사는 가족을 그리워하고, 자주 만나지 못하는 친구와의 만남을 더 애틋해 하는지도 모른다.

이별

작은 아씨들 루이자 메이 올콧

There are many Beths in the world, shy and quiet, sitting in corners till needed, and living for others so cheerfully that no one sees the sacrifices till the little cricket on the hearth stops chirping, and the sweet, sunshiny presence vanishes, leaving silence and shadow behind.

—<Little Women> by Louisa May Alcott, Chapter 4

세상에는 베스 같은 아이들이 많이 있다. 수줍고 조용하며 자신을 필요로 할 때까지 구석에 앉아 있고, 다른 사람들을 위해 너무나 즐겁게 살아가다 보니 그 희생에 대해 알지 못한다. 난롯가의 작은 귀뚜라미가 지저귐을 멈추고, 다정하고 햇살처럼 밝은 존재가 침묵과 그림자를 남긴 채 사라져 버리고 나서야 비로소 알게 된다.

—<작은 아씨들> 루이자 메이 올콧, 4장

cricket 귀뚜라미   hearth 벽난로 주변   chirp 지저귀다   presence 존재   vanish 사라지다

이별 후에야 더 크게 느껴지는 존재가 있다.

'The cricket on the hearth'는 찰스 디킨스의 소설 <The Cricket on the Hearth 난롯가의 귀뚜라미(1845)>에서 유래되어, 가정의 행복과 행운을 상징하는 표현이다. <작은 아씨들>에서는 베스를 그렇게 표현했다. 네 자매 중 셋째인 베스는 수줍음이 많아 사람들 앞에 나서기를 어려워하지만 음악을 통해 가족을 위로하고 아픈 이들을 돌보며 묵묵히 자신의 역할을 다한다. 난롯가에서 작은 존재감을 드러내는 귀뚜라미처럼 베스 역시 가족 곁에서 조용히 따뜻함을 전하던 존재였기에 그녀가 세상을 떠난 뒤에야 그 존재감과 공백이 더욱 크게 느껴진다는 심리를 묘사하고 있다. 인용한 구절은 우리 주변에서 조용히 헌신하는 또 다른 베스들, 가족이나 친구 또는 공동체 속 누군가를 떠올리게 한다. 평소엔 당연하게 느껴졌던 존재가 사라지고서야 비로소 남는 묵직한 여운이 이 짧은 구절에 고스란히 담겨 있다.

Part 05

내면의 힘

용기

오즈의 마법사 L 프랭크 바움

"Then, if you don't mind, I'll go with you," said the Lion, "for my life is simply unbearable without a bit of courage."
"You will be very welcome," answered Dorothy, "for you will help to keep away the other wild beasts. It seems to me they must be more cowardly than you are if they allow you to scare them so easily."
"They really are," said the Lion, "but that doesn't make me any braver, and as long as I know myself to be a coward I shall be unhappy."

—<The Wonderful Wizard of Oz> by L. Frank Baum, Chapter 6

...

"그럼, 너희가 괜찮다면, 같이 갈래?" 사자가 말했다. "약간의 용기가 없이는 내 삶이 정말 견디기 힘들거든."
"대환영이지," 도로시가 대답했다. "네가 있으면 다른 야생 동물들이 근처에 못 오게 하는 데 도움이 될 테니까. 그들이 그렇게 쉽게 겁먹는 걸 보면 너보다 더 겁이 많은 것 같아."
"정말 그래," 사자가 말했다. "하지만 그렇다고 내가 더 용감해지는 건 아니야. 나 자신이 겁쟁이란 사실을 아는 한, 나는 불행할 거야."

—<오즈의 마법사> L. 프랭크 바움, 6장

simply 정말로   keep away ~를 가까이 오지 못하게 하다   wild beast 야생 동물
cowardly 겁이 많은   coward 겁쟁이

나 자신이 겁쟁이라는 사실을 아는 한, 나는 불행할 거야.

L. 프랭크 바움(1856-1919, 미국)의 대표작 <오즈의 마법사(1900)>는 캔자스에 사는 어린 소녀 도로시가 강아지 토토와 함께 회오리바람에 휩쓸려 마법의 나라 오즈에 도착하면서 벌어지는 모험 이야기다. 집으로 돌아가기 위해 에메랄드 시에 사는 오즈의 마법사를 찾아 떠나는 도로시와 세 친구는 각자 자신에게 부족하다고 생각했던 지혜, 사랑, 용기를 스스로 발견하며 성장해 간다. 처음엔 원하는 것을 외부에서 얻고자 하지만 결국 그것이 이미 자신 안에 있었다는 사실을 깨닫는다. 겁쟁이 사자 역시 자신에게 용기가 없다고 느끼지만 위기 속에서 친구들을 보호하려고 용감하게 행동하고 있었다. 작가는 자신이 겁쟁이라고 믿고 있는 사자를 통해 자신에 대한 가능성을 믿는 것이 진정한 용기임을 보여 주고 있다.

오만과 편견 제인 오스틴

There is a stubbornness about me that never can bear to be frightened at the will of others. My courage always rises with every attempt to intimidate me.

—<Pride and Prejudice> by Jane Austen, Chapter 31

...
저에게는 다른 사람의 뜻에 겁먹는 것을 절대 견딜 수 없는 고집스러움이 있어요. 저를 겁주려고 할 때마다 저는 항상 용기가 솟아오른답니다.

—<오만과 편견> 제인 오스틴, 31장

stubbornness 고집   bear 참다, 견디다   be frightened at ~에 겁먹다, 두려워하다   will 의지, 뜻
attempt 시도   intimidate 위협하다, 겁주다

저를 겁주려 할 때마다 저는 용기가 솟아오른답니다.

이 장면은 주인공 엘리자베스의 당당하고 솔직하며 유쾌한 성격을 잘 보여 주는 문장 중 하나이다. 엘리자베스는 다아시의 여동생이 피아노를 잘 친다는 대화가 오간 후에 사람들 앞에서 피아노를 연주하게 된다. 인용한 문장은 엘리자베스가 자신의 피아노 연주를 듣고 있는 다아시에게 농담처럼 던진 말이다. 피아노 연주 실력은 뛰어나지 않지만 절대 기죽지 않고 오히려 유쾌하게 받아들이며 자신의 마음을 당당하고 솔직하게 표현하는 모습이 매력적이다.

적과 흑 스탕달

But is the road less beautiful because there are thorns in the hedges which border it? Travellers go on their way, and leave the wicked thorns to wait in vain where they are.

—<The Red and the Black> by Stendhal,
translated by Horace Barnett Samuel, Chapter 28

...

하지만 길을 따라 나 있는 생울타리에 가시가 있다고 해서 그 길이 덜 아름다운가? 여행자는 갈 길을 계속해서 가고, 못된 가시들은 그 자리에서 헛되이 기다리도록 내버려둔다네.

—<적과 흑> 스탕달 지음, 호레이스 바넷 새뮤얼 번역, 28장

thorn 가시   hedge 생울타리   border ~와 경계를 이루다   leave 내버려두다   wicked 사악한
in vain 헛되이

갈 길을 계속 가라, 못된 가시들은 그 자리에 내버려두고.

<적과 흑(1830)>은 스탕달(1783-1842, 프랑스)의 대표작이다. 뛰어난 재능을 가진 평민 청년의 사랑과 야망에 관한 이야기인 동시에 왕정복고 시대 프랑스 사회를 비판한 작품이다. 제목의 두 가지 색깔 중 붉은색은 군복을, 검은색은 사제복을 상징하며 이상과 현실의 갈등을 나타낸다는 분석이 일반적이다. 인용한 구절은 주인공인 쥘리앵이 신학교에 입학하여 지내던 중 성체 축일을 맞이하여 대성당에 장식을 도우러 갔다가 들은 말이다. 신학교에서 감시와 따돌림으로 어려움을 겪고 있다는 사실을 눈치챈 샤 베르나르 신부는 길가에 가시덤불이 있다고 해서 그 길 자체의 아름다움이 훼손되는 것은 아니라고 조언한다. 주변 사람들의 괴롭힘에 신경 쓰지 말고 용감하게 자신의 갈 길을 가라는 의미이다.

데미안 헤르만 헤세

You should not compare yourself with others. If nature had created you to be a bat, you ought not to want to make yourself into an ostrich. You often consider yourself as singular, you reproach yourself with going ways different from most people. You must get out of that habit.

—⟨Demian⟩ by Hermann Hesse, an anonymous translation (published in New York in 1923), Chapter 6

...

자신을 다른 사람들과 비교해서는 안 됩니다. 자연이 당신을 박쥐로 만들었는데, 타조가 되려고 해서는 안 됩니다. 종종 자신을 독특하다고 생각하며, 대부분의 사람들과 다른 길을 간다고 자책하지요. 그런 습관에서 벗어나야 합니다.

—⟨데미안⟩ 헤르만 헤세 지음, 번역자 미상(1923년 뉴욕 출판), 6장

bat 박쥐   ostrich 타조   singular 독특한, 특이한   reproach 비난하다

너의 모습 그대로, 너답게 살아가라.

1946년 노벨 문학상을 수상한 헤르만 헤세(1877-1962, 독일)의 대표작 중 하나인<데미안(1919)>은 싱클레어가 소년기부터 청년기에 이르기까지 자아를 찾아 가는 여정을 그린 성장 소설이다. 인용한 구절은 교회의 오르간 연주자인 피스토리우스가 싱클레어에게 해 주는 말이다. 싱클레어는 청년기로 접어들며 자신의 정체성에 대해 혼란을 느낀다. 자신을 다른 사람들과 비교하며 자책하는 싱클레어에게 자신에 대해 용기와 자존감을 가지라고 조언해 준다. 사람은 각자 고유한 모습으로 존재하도록 자연이 설계한 존재이므로, 억지로 타인의 기준에 끼워 맞추려 할 필요가 없다고 말한다. 싱클레어는 피스토리우스와 대화를 나누며 자기 자신에게로 이르는 길에 한 걸음 더 가까워진다.

자존감

제인 에어 샬럿 브론테

I care for myself. The more solitary, the more friendless, the more unsustained I am, the more I will respect myself.

—<Jane Eyre> by Charlotte Brontë, Chapter 27

...

나는 내 스스로를 보살피는 거야. 더 외로울수록, 친구가 없으면 없을수록, 의지할 곳이 없으면 없을수록, 나는 나 자신을 더 보살필 거야.

—<제인 에어> 샬럿 브론테, 27장

care for ~를 돌보다   solitary 혼자인   unsustained 지지받지 못하는, 의지할 곳 없는
respect 소중히 여기다, 보살피다

외로울수록 나 자신을 더 보살필 거야.

제인이 로체스터와 헤어지려는 결심을 굳히면서 마음을 다잡을 때 떠올린 생각이다. 외부 환경이나 다른 사람들의 지지와 상관없이 자신을 존중하고 가치 있게 여기겠다는 제인의 결심이 담겨 있다. 로체스터를 사랑하지만, 그와의 관계가 도덕적, 윤리적 신념을 어기는 것이라면 스스로를 배신하는 행위가 된다고 생각한다. 당시 사회에서는 여성이 경제적, 사회적으로 남성에게 의존하는 것이 일반적이었지만, 제인은 이를 거부하고 고독 속에서도 자신의 가치를 지키겠다고 결심한다. 이 장면은 자아 존중과 독립을 향한 선언이며, <제인 에어>가 여성의 자율성과 개성을 강조하는 성장 소설로 평가받는 이유를 보여 주고 있다.

자기만의 방 버지니아울프

"This great book", "this worthless book", the same book is called by both names. Praise and blame alike mean nothing. No, delightful as the pastime of measuring may be, it is the most futile of all occupations, and to submit to the decrees of the measurers the most servile of attitudes. So long as you write what you wish to write, that is all that matters; and whether it matters for ages or only for hours, nobody can say.

—<A Room of One's Own> by Virginia Woolf, Chapter 6

'이 위대한 책', '이 쓸모없는 책', 같은 책이 두 가지 이름으로 불립니다. 칭찬과 비난은 모두 아무런 의미가 없습니다. 사실, 평가하는 일이 아무리 즐거운 일이라 해도 모든 일 중에 가장 헛된 일이며, 평가하는 사람들의 판결에 따르는 것은 가장 비굴한 태도입니다. 쓰고 싶은 것을 쓰는 한, 다른 것은 문제되지 않습니다. 그 글이 오랜 세월 동안 의미가 있을지 혹은 단 몇 시간 동안만 의미가 있을지는 아무도 알 수 없습니다.

—<자기만의 방> 버지니아 울프, 6장

alike 똑같이   delightful 즐거운   pastime 취미, 오락   measure 평가하다   futile 헛된
occupation 직업, 일   submit to ~에 굴복하다, 따르다   decree 명령, 판결   servile 비굴한
so long as ~하는 한

진정한 가치는 남의 평가가 아니라 자신으로부터 비롯된다.

버지니아 울프(1882-1941)는 20세기 영국의 모더니즘 문학을 대표하는 작가이자 비평가이다. <자기만의 방(1929)>은 1928년 케임브리지에 있는 두 여자 대학에서 했던 강연을 바탕으로 쓰여진 에세이다. 창작의 자유와 개인이 독립적인 공간을 갖는 것의 중요성을 역설하며 오늘날까지 많은 독자들에게 영감을 주고 있다. 이 인용문에서 울프는 진정한 가치는 결코 외부의 판단에서 나오는 것이 아니고 자신의 내면으로부터 비롯된다고 말한다. 우리는 외부의 평가에 흔들리기 쉽다. 칭찬을 받으면 기분이 좋아지고 비난을 받으면 한없이 위축된다. 자신이 진정으로 원하는 것을 행할 때 비로소 우리는 외부의 평가에서 자유로워지고 진정한 자기 긍정을 경험할 수 있게 될 것이다.

굳건한 자아 정체성

인형의 집 헨리크 입센

NORA. I have other duties just as sacred.
HELMER. That you have not. What duties could those be?
NORA. Duties to myself.
HELMER. Before all else, you are a wife and a mother.
NORA. I don't believe that any longer. I believe that before all else I am a reasonable human being, just as you are—or, at all events, that I must try and become one.

—<A Doll's House> by Henrik Ibsen, translated by R. Farquharson Sharp and Eleanor Marx-Aveling, Act 3

...
노라 나에게는 그와 똑같이 신성한 다른 의무가 있어요.
헬메르 그런 건 당신에게 없어요. 그게 무엇일 수 있겠소?
노라 나 자신에 대한 의무예요.
헬메르 무엇보다도, 당신은 아내이자 어머니요.
노라 더 이상 그 말은 믿지 않아요. 나는 무엇보다도 내가 이성적인 인간이라고 생각해요, 당신처럼 똑같이요. 아니면, 어찌 되었건, 그렇게 되려고 노력해야 한다고 생각해요.

—<인형의 집> 헨리크 입센 지음, R. 파커슨 샤프, 엘리너 마르크스-애블링 번역, 3막

sacred 신성한　　**before all else** 무엇보다도　　**reasonable** 합리적인　　**at all events** 어쨌든

나도 당신처럼 이성적인 인간이에요.

헨리크 입센(1828-1906, 노르웨이)의 <인형의 집(1879)>은 여성의 자아 발견과 독립을 다루는 희곡 작품이다. 노라는 세 아이의 어머니이자 은행장 취임을 앞둔 남편을 둔 결혼 8년 차의 가정주부이다. 행복한 결혼 생활이 이어질 줄 알았지만 예상치 못한 일로 남편의 이중적인 모습에 큰 환멸을 느끼게 된다. 노라는 자신의 삶을 돌아보고 독립적인 인간으로서 자신의 길을 찾기로 결심한다. 남편 헬메르는 "아내와 어머니로서의 역할이 가장 중요하다"고 하지만, 노라는 그보다 "이성적이고 독립적인 인간"이 되는 것이 더 중요하다고 말한다. 이 장면은 작품의 핵심 주제를 잘 나타내고 있으며 <인형의 집>이 여성의 독립과 개인의 정체성 탐구를 다룬 중요한 문학 작품으로 평가받는 이유 중 하나이다.

굳건한 자아 정체성

제인 에어 샬럿브론테

"Jane, be still; don't struggle so, like a wild frantic bird that is rending its own plumage in its desperation."
"I am no bird; and no net ensnares me; I am a free human being with an independent will, which I now exert to leave you."

—<Jane Eyre> by Charlotte Brontë, Chapter 23

* * *

"제인, 가만히 좀 있어요. 그렇게 몸부림치지 마시오. 극도로 흥분해서 필사적으로 자신의 깃털을 뜯는 새처럼 말이오."
"전 새가 아니에요. 그리고 어떤 그물로도 저를 가둘 수 없어요. 저는 독립적인 의지를 지닌 자유로운 인간이고 이제 그 의지를 발휘해서 당신을 떠나려 합니다."

—〈제인 에어〉 샬럿 브론테, 23장

struggle 몸부림치다   frantic 흥분한   rend 찢다   plumage 깃털   in one's desperation 필사적으로   ensnare 가두다   will 의지   exert 힘을 발휘하다, 의지를 행사하다

저는 독립적인 의지를 지닌 자유로운 인간이에요.

<제인 에어>는 영국 빅토리아 시대 여성의 독립과 자아 정체성을 그린 성장 소설이라고 할 수 있다. 지금은 여성을 주인공으로 하는 성장 소설들이 다양한 주제로 많이 나와 있지만 그 당시로는 파격적인 주제였을 것이다. 게다가 제인이 가정 교사로 있던 저택의 주인 로체스터와 제인의 나이 차이는 무려 20살이었다. 인용한 부분은 로체스터에게 아내가 있다는 사실이 밝혀지고 나서 로체스터와 제인이 나눈 대화의 일부로, 떠나려는 제인을 어떻게든 붙잡으려는 로체스터에게 제인이 자신의 생각을 분명하게 밝히는 유명한 장면이다. 제인은 자신의 판단과 신념에 따라, 로체스터에게 종속되지 않고 독립적인 존재로서의 삶을 선택한다.

적과 흑 스탕달

I had the powerful idea of duty. The duty which rightly or wrongly I laid down for myself, has been to me like the trunk of a solid tree which I could lean on during the storm, I stumbled, I was agitated. After all I was only a man, but I was not swept away.

—<The Red and the Black> by Stendhal,
translated by Horace Barnett Samuel, Chapter 74

...

나에게는 강한 의무감이 있었다. 옳든 그르든 스스로에게 부여한 그 의무는 폭풍 속에서 기댈 수 있는 든든한 나무줄기와 같았다. 나는 비틀거렸고 동요했다. 결국 나는 한낱 인간일 뿐이었지만, 휩쓸려 가지는 않았다.

—〈적과 흑〉 스탕달 지음, 호레이스 바넷 새뮤얼 번역, 74장

---

lay down 규정하다　**trunk** 나무줄기　**solid** 단단한, 견고한　**lean on** ~에 기대다
stumble 비틀거리다　**agitate** 선동하다, 뒤흔들다　**after all** 결국　**sweep away** 휩쓸어 가다

의무감은 폭풍 속에서도 견디는 힘이 된다.

<적과 흑>은 등장인물들의 내면과 감정을 매우 세밀하게 묘사하고 있다. 주인공 쥘리앵은 감옥에 수감되어 죽음을 기다리며 자신의 삶을 돌아본다. 그가 말하는 '의무'는 타인이 강요한 도덕이나 종교적 명령이 아니라 자신이 정한 삶의 기준과 자세이다. 쥘리앵은 인간적인 나약함을 인정하면서도 자신이 붙든 신념 덕분에 끝내 무너지지 않았다고 고백한다. 자신이 스스로에게 부여한 신념과 태도가 안정과 힘을 주는 원천이었다고 말하는 것이다. 이는 개인의 내적 가치관이 역경을 이겨 내는 데 중요한 역할을 한다는 것을 보여 주는 장면이라고 할 수 있다.

역경을 이겨내는 힘

키다리 아저씨 <small>진 웹스터</small>

It isn't the big troubles in life that require character. Anybody can rise to a crisis and face a crushing tragedy with courage, but to meet the petty hazards of the day with a laugh—I really think that requires SPIRIT.

It's the kind of character that I am going to develop. I am going to pretend that all life is just a game which I must play as skillfully and fairly as I can. If I lose, I am going to shrug my shoulders and laugh—also if I win.

—<Daddy-Long-Legs> by Jean Webster,
from a letter of Friday, 9.30 p.m.

...

인생에서 용기가 필요한 것은 큰 어려움이 아니에요. 누구나 위기에 맞서 참담한 비극을 용감하게 마주할 수는 있지만, 일상의 사소한 어려움을 웃음으로 맞이하는 것, 그것이야 말로 정말 정신력이 필요하다고 생각해요.

저는 바로 그런 태도를 기르려고 해요. 삶이란 모두 최대한 능숙하고 공정하게 경기해야 하는 게임일 뿐이라고 여기려 합니다. 지더라도 어깨를 으쓱하며 웃을 것이고, 이겨도 마찬가지로 그렇게 할 거예요.

—〈키다리 아저씨〉 진 웹스터, 금요일 밤 9시 30분 편지 중에서

character 기백, 용기　　rise 맞서다, 일어서다　　crushing 참담한　　petty 사소한　　hazard 어려움
pretend ~라고 가정하다, ~라고 여기다　　shrug one's shoulders 어깨를 으쓱하다

인생이라는 게임에서 승패와 관계없이 어깨를 으쓱하며 웃을 겁니다.

누구나 큰 위기가 닥치면 마음을 다잡고 용기를 내 보려 할 것이다. 하지만 더 큰 용기가 필요한 건, 일상에서 마주하는 어려움, 즉 인간관계에서 겪는 갈등이나 스트레스 같은 소소한 문제들이라고 <키다리 아저씨>의 주인공 주디는 말한다. 그리고 이런 작은 역경을 이겨 내는 힘은 마음가짐에서 비롯된다는 것을 보여 주고 있다. 그래서 그녀는 매일 마주하게 되는 사소한 어려움에 긍정적이고 유쾌하게 대처하는 굳건한 정신력을 기르겠다고 다짐한다. 인생이라는 경기에서 승패에 연연하지 않고 웃어넘기겠다는 결심은 자신의 삶을 객관적으로 바라보는 마음가짐을 기르겠다는 다짐일 것이다.

빨간 머리 앤 루시모드 몽고메리

"Do you know," said Anne confidentially, "I've made up my mind to enjoy this drive. It's been my experience that you can nearly always enjoy things if you make up your mind firmly that you will. Of course, you must make it up firmly."

—<Anne of Green Gables> by Lucy Maud Montgomery, Chapter 5

...

"있잖아요," 앤이 비밀 이야기라도 하듯 말했다. "전 이 여행길을 즐기기로 마음먹었어요. 제 경험으로는, 즐기기로 굳게 마음을 먹으면 거의 항상 그렇게 할 수 있거든요. 물론, 마음을 아주 굳게 먹어야만 해요."

—<빨간 머리 앤> 루시 모드 몽고메리, 5장

confidentially 비밀스럽게   make up one's mind to ~하기로 마음먹다   drive 여행길
nearly 거의   firmly 굳게

즐겁게 생각하자고 마음을 먹으면 거의 그렇게 할 수 있거든요.

마릴라가 앤을 데리고 스펜서 부인 댁에 가서 사내아이가 아니라 여자아이를 데려온 이유에 대해 알아보러 마차를 타고 가는 장면이다. 마릴라와 매튜는 보육원에서 사내아이를 데려오길 원했는데 실수로 앤이 오게 된 것이다. 보육원과 이 집 저 집을 전전하던 앤은 너무나 마음에 드는 초록 지붕 집을 떠나야 할지도 모르는 상황에 처해 있지만 특유의 긍정적인 태도로 그 순간조차 즐거운 경험으로 바꾸려 애쓰고 있다.

삶에 대한 희망과 의지

마지막 잎새 오헨리

"I've been a bad girl, Sudie," said Johnsy. "Something has made that last leaf stay there to show me how wicked I was. It is a sin to want to die. You may bring me a little broth now, and some milk with a little port in it, and—no; bring me a hand mirror first, and then pack some pillows about me, and I will sit up and watch you cook." An hour later she said:
"Sudie, someday I hope to paint the Bay of Naples."

—<The Last Leaf> by O. Henry

…

"내가 나빴어, 수디." 존시가 말했다. "내가 얼마나 못됐는지 보여 주려고 뭔가가 저 마지막 잎을 거기 남아 있게 한 거야. 죽고 싶어 하는 건 죄야. 이제 국물 좀 가져다줄 수 있겠니. 포트 와인을 약간 넣은 우유 조금하고. 그리고…… 아니다, 손거울 먼저 갖다주고 나서 내 주변에 베개를 좀 받쳐 줘. 그럼 일어나 앉아서 네가 요리하는 걸 지켜볼게." 한 시간 후에 그녀는 말했다.
"수디, 언젠가는 나폴리 만을 그리고 싶어."

—<마지막 잎새> 오헨리

wicked 사악한, 못된   sin 죄   pack 베개를 받쳐 주다

작은 희망으로도 삶은 다시 피어난다.

<마지막 잎새(1907)>는 뉴욕 그리니치 빌리지에 사는 가난한 예술가들의 이야기로 삶에 대한 희망이라는 주제를 다루고 있다. 이 인용문은 폐렴에 걸려 삶을 포기하려던 존시가 죽음의 문턱에서 삶에 대한 의지를 되찾는 장면이다. 존시는 강한 바람에도 밤새도록 떨어지지 않고 굳건히 매달려 있는 잎새를 보며 자신의 어리석음을 깨닫고 삶에 대한 의지를 되찾는다. 마지막 남은 잎새는 희망의 상징이 되어 존시의 태도를 변화시킨다. 화가로서의 꿈을 다시 꾸기 시작하고 삶에 대한 희망과 열정을 되찾는다. 인용한 구절은 작은 희망 하나가 절망에 빠진 사람에게 얼마나 큰 변화를 가져올 수 있는지 보여 주고 있다.

삶에 대한 희망과 의지

위대한 개츠비 F. 스콧 피츠제럴드

Gatsby believed in the green light, the orgastic future that year by year recedes before us. It eluded us then, but that's no matter— tomorrow we will run faster, stretch out our arms further… And one fine morning—
So we beat on, boats against the current, borne back ceaselessly into the past.

—<The Great Gatsby> by F. Scott Fitzgerald, Chapter 9

…

개츠비는 그 초록 불빛을, 우리 앞에서 해마다 뒤로 물러나는 황홀한 미래를 믿었다. 그 미래가 그때는 우리를 비껴갔지만, 상관없다. 내일 우리는 더 빨리 달릴 것이고 더 멀리 팔을 뻗을 거니까……. 그리고 어느 멋진 아침에…….
그리하여 우리는 계속해서 앞으로 나아가는 것이다. 조류를 거스르는 배처럼, 끝임없이 과거로 떠밀려 가면서도.

—〈위대한 개츠비〉 F. 스콧 피츠제럴드, 9장

orgastic 희열의, 황홀한   recede 물러나다   elude 피하다   stretch out 뻗다
beat on 계속 나아가다   current 조류   borne back 뒤로 떠밀려 가는(pushed back)
ceaselessly 끊임없이

끊임없이 과거로 떠밀려 가면서도 계속해서 앞으로.

F. 스콧 피츠제럴드(1896-1940)의 <위대한 개츠비(1925)>는 1920년대 미국의 아메리칸 드림과 그 이면을 비판적으로 그린 작품이다. 주인공 개츠비는 가난한 청년 시절 사랑했던 데이지를 되찾기 위해 부를 축적한다. 건너편 데이지의 집에서 희미하게 반짝이는 '초록 불빛'을 바라보며 그녀와의 만남을 꿈꾸지만 그 꿈은 손에 닿을 듯 닿지 않는 환상에 불과했고 결국 비극적인 결말을 맞이한다. 초록 불빛은 이상을 향한 인간의 허무한 열망을 상징한다. 이 작품은 화려한 꿈의 허상과 그 이면에 숨어 있는 허무함을 통해 인간 존재와 삶의 의미에 대한 깊은 통찰을 제시한다. 특히 마지막 문장은 소설 전체를 아우르는 핵심 주제를 상징적으로 담아 내고 있다. 미래에 대한 희망을 품고 필사적으로 나아가는 인간의 숙명적인 투쟁을 나타낸다.

외투 니콜라이고골

He even got used to being hungry in the evening, but he made up for it by treating himself, so to say, in spirit, by bearing ever in mind the idea of his future cloak. From that time forth, his existence seemed to become, in some way, fuller, as if he were married, or as if some other man lived in him, as if, in fact, he were not alone, and some pleasant friend had consented to travel along life's path with him, the friend being no other than the cloak, with thick wadding and a strong lining incapable of wearing out. He became more lively, and even his character grew firmer, like that of a man who has made up his mind, and set himself a goal.

―<The Cloak> by Nikolai Gogol, translated by Constance Garnett

...

그는 저녁에 배고픈 것에도 익숙해지긴 했지만, 말하자면, 정신적으로 자신을 위로하고 미래의 외투에 대한 생각을 항상 염두에 두는 것으로 배고픔을 달랬다. 그때부터 그의 존재는 왠지 모르게 더 충만해진 것 같았는데, 마치 결혼을 한 것처럼 혹은 다른 어떤 사람이 그의 안에서 사는 것처럼 사실은 혼자가 아니고, 어떤 유쾌한 친구가 그의 인생 여정을 함께하기로 동의한 것처럼 보였다. 그 친구는 바로 두꺼운 솜과 해지지 않는 튼튼한 안감이 있는 외투였다. 그는 더 활기를 띄었고 심지어 성품도 더 굳건해졌는데, 마치 마음을 다잡고 목표를 세운 사람 같았다.

―<외투> 니콜라이 고골 지음, 콘스턴스 가넷 번역

make up for ~에 대해 보상하다   so to say 말하자면(so to speak)   in spirit 마음속으로, 정신적으로
ever 항상   from that time forth 그 이후로 계속(from that time on)   consent to ~에 동의하다
no other than 바로, 다름 아닌   wadding 솜, 충전재   lining 안감

우리에게는 누구나 자신만의 외투가 있다.

"Cloak"은 원래 망토를 의미하지만 소설 제목<외투>에 맞춰 '외투'로 옮겼다. 인용한 구절은 주인공 아카키 아카키예비치가 낡은 외투를 대신할 새 외투를 마련하기 위해 절약하는 과정을 묘사하며 삶의 희망과 목표가 인간에게 얼마나 강력한 활력과 삶의 의미를 부여하는지 감동적으로 보여 주고 있다. 아카키는 가난하고 소외된 인물이지만 새로운 외투를 갖겠다는 목표가 생기면서 삶이 달라진다. 삶의 목표는 미래에 대한 희망을 품게 하고 삶을 살아가게 하는 원동력이 된다. 우리에게는 누구나 자신만의 '외투'가 있다. 삶을 의미 있게 만드는 소중한 꿈, 희망, 혹은 열망 같은 것들 말이다. 누군가에게는 예술일 수 있고, 사랑일 수 있으며, 혹은 아주 사소한 일상의 목표일 수도 있다. 그 '외투' 하나가 우리를 다시 살아가게 한다.

Part 06
성공

노인과 바다 어니스트 헤밍웨이

Only I have no luck anymore. But who knows? Maybe today. Every day is a new day. It is better to be lucky. But I would rather be exact. Then when luck comes you are ready.

—<The Old Man and the Sea> by Ernest Hemingway

...
나에게 더 이상 운이 없을 뿐이야. 하지만 누가 알겠어? 어쩌면 오늘 운이 찾아올지. 매일매일이 새로운 날이잖아. 운이 좋은 게 더 낫지. 하지만 나는 그보다 차라리 정확하게 해내고 싶어. 그럼 운이 찾아왔을 때 준비가 되어 있을 테니까.

—<노인과 바다> 어니스트 헤밍웨이

luck 운   would rather 차라리 ~하겠다   exact 정확한

정확함이 습관이 되면 행운도 찾아온다.

산티아고는 84일 동안 고기를 잡지 못했지만, 매일이 새로운 기회라는 긍정적인 태도로 희망을 잃지 않는다. 인용한 구절은 우연을 기다리는 수동적인 자세보다, 운이 찾아왔을 때 내 것으로 만들 수 있는 '준비된 자세'가 더 중요하다는 메시지를 전하고 있다. 인생에서 통제할 수 없는 요소와 통제할 수 있는 요소 사이의 균형 속에서 끝까지 자신을 가다듬는 사람만이 우연을 진짜 행운으로 바꿀 수 있다는 사실을 일깨워 준다.

벤저민 프랭클린 자서전 벤저민 프랭클린

This library afforded me the means of improvement by constant study, for which I set apart an hour or two each day, and thus repaired in some degree the loss of the learned education my father once intended for me. Reading was the only amusement I allowed myself. I spent no time in taverns, games, or frolics of any kind.

—<Autobiography of Benjamin Franklin> by Benjamin Franklin, Chapter 8

...

이 도서관은 내가 꾸준한 학습을 통해 발전할 수 있게 해 주었으며, 이를 위해 나는 매일 한 두 시간을 따로 냈다. 이렇게 해서 아버지가 한때 나를 위해 염두에 두었던 높은 수준의 학문 교육에 대한 손실을 어느 정도 만회할 수 있었다. 독서는 나 자신에게 허락한 유일한 오락이었다. 나는 술집, 놀이, 혹은 다른 어떤 종류의 유흥에도 시간을 보내지 않았다.

—<벤저민 프랭클린 자서전> 벤저민 프랭클린, 8장

afford 제공하다   set apart 따로 떼어 두다   repair 보충하다, 만회하다   intended 의도된
amusement 오락, 재미   tavern 술집   frolic 가벼운 놀이, 유흥(원문은 frolick)

독서는 나 자신에게 허락한 유일한 오락이었다.

벤저민 프랭클린의 아버지는 17명의 자녀가 있었고 프랭클린은 그중 15번째 아이였다. 가난했던 탓에 정규 교육은 2년간 받은 것이 전부였지만 도서관을 이용해 매일 꾸준히 공부함으로써 부족함을 채웠다. 도서관은 그의 지적 성장을 위한 도구였다. 프랭클린 자서전에는 철저한 자기 절제와 끊임없는 노력으로 많은 일들을 이루어 내는 과정이 잘 나와 있는데, 그 중심에는 항상 독서가 있었다. 특히, 그 당시 독서는 자신이 허락한 유일한 오락이었다고 언급한 부분은 자주 인용되는 유명한 구절이다.

앤드루카네기 자서전 앤드루카네기

I determined that the proper policy was "to put all good eggs in one basket and then watch that basket." I believe the true road to preeminent success in any line is to make yourself master in that line. I have no faith in the policy of scattering one's resources, and in my experience I have rarely if ever met a man who achieved preeminence in money-making—certainly never one in manufacturing—who was interested in many concerns. The men who have succeeded are men who have chosen one line and stuck to it.

—<Autobiography of Andrew Carnegie> by Andrew Carnegie, Chapter 12

나는 올바른 방침이란 "좋은 달걀들을 모두 한 바구니에 넣고 나서 그 바구니를 지켜보는 것"이라고 판단했다. 어떤 분야에서든 탁월한 성공에 이르는 진정한 길은 그 분야에서 전문가가 되는 것이라고 생각한다. 자원을 분산시키는 방침은 신뢰하지 않으며, 내 경험상 여러 가지 사업에 관심을 두는 사람이 돈 버는 일에 탁월함을 성취한 경우가 있다 해도 거의 보지 못했다. 확실히 제조업 분야에서는 단 한 명도 본 적이 없다. 성공한 사람들은 한 분야를 선택해서 그것에 매진한 사람들이다.

—<앤드루 카네기 자서전> 앤드루 카네기, 12장

determine 판단하다, 결정하다   policy 방침   preeminent 탁월한   scatter 분산시키다
concern 사업, 일   stick to ~를 고수하다

성공의 비결은 한 바구니에 담긴 좋은 달걀들을 지켜보는 것이다.

앤드루 카네기(1835-1919, 미국)는 스코틀랜드 출신의 사업가이자 자선가로, 철강 산업을 통해 막대한 부를 축적했다. 가난한 이민자로 시작해 당시 세계에서 가장 부유한 사람 중 하나가 되었으며 자선 활동을 통해 많은 도서관과 교육 기관을 세우며 사회에 크게 기여했다. 그의 저서 <앤드루 카네기 자서전(1920)>에서는 어린 시절 이야기부터 성공의 비결, 그리고 축적한 부를 어떻게 사회에 환원했는지를 자세히 밝히고 있다. 인용한 구절에서 그는 해당 분야의 전문가가 되는 것의 중요성을 강조하며, 자신이 가진 자원을 한 분야에 집중하고 끝까지 매진하는 것이 성공의 핵심 원칙이라고 설명한다.

자기만의 방 버지니아울프

Those are the enviable people who live at enmity with unreality; and those are the pitiable who are knocked on the head by the thing done without knowing or caring. So that when I ask you to earn money and have a room of your own, I am asking you to live in the presence of reality, an invigorating life, it would appear, whether one can impart it or not.

—<A Room of One's Own> by Virginia Woolf, Chapter 6

...

비현실적인 것에 반감을 가지고 사는 사람들은 부러워할 만한 사람들이고, 알지 못하거나 신경 쓰지 않은 채로 있다가 일어난 일로 인해 무심코 당하는 사람들은 불쌍한 사람들입니다. 그러니까 제가 여러분에게 돈을 벌고 자기만의 방을 가지라고 말씀드릴 때, 현실적으로 살라는 말씀을 드리는 겁니다. 그런 삶이 활기찬 삶인 것 같습니다. 다른 사람에게 전할 수 있든 없든 간에 말이지요.

—<자기만의 방> 버지니아 울프, 6장

enviable 부러움을 살 만한   enmity 적대감, 반감   pitiable 불쌍한
be knocked on the head 무심코 당하다   invigorating 활력을 주는   impart 전하다

돈을 벌고 자신만의 방을 가져라.

<자기만의 방>은 여성 작가가 창작을 하기 위해 필요한 물질적 조건과 사회적 제약을 탐구하며 여성의 창작 활동에 있어 '자기만의 방'과 '안정적인 수입'이 중요함을 강조한다. 작가인 버지니아 울프는 역사적으로 여성들이 교육과 경제적 자립의 기회를 박탈당했기 때문에 남성 작가들만큼의 창작 활동을 펼치기 어려웠다고 말한다. 그 근거로 가상의 인물과 역사적 사례를 제시하며 여성의 경험과 관점을 담은 작품이 부족했던 이유를 설명한다. 지적인 자유는 물질적인 조건에 달려 있고 시는 지적인 자유에 달려 있다는 예시를 통해 여성들의 창작과 지적인 자유가 물질적인 조건과 밀접히 연결되어 있음을 주장한다. 이러한 맥락에서, 인용한 구절은 여성의 독립적인 삶과 현실 인식의 중요성을 강조한다.

부를 얻는 과학 월러스 D. 와틀스

The scientific use of thought consists in forming a clear and distinct mental image of what you want; in holding fast to the purpose to get what you want; and in realizing with grateful faith that you do get what you want.

—<The Science of Getting Rich> by Wallace D. Wattles, Chapter 11

...

생각을 과학적으로 사용하는 법은 원하는 것의 모습을 명확하고 뚜렷하게 머릿속에 떠올리고, 원하는 것을 얻겠다는 목적을 단단히 붙잡으며, 원하는 것을 반드시 얻게 된다는 사실을 감사하는 마음으로 믿고 실현하는 데 있다.

—〈부를 얻는 과학〉 월러스 D. 와틀스, 11장

consist in ~로 구성되다, ~에 있다   form a mental image of ~의 모습을 머릿속에 그리다
distinct 뚜렷한   hold fast to ~을 단단히 붙들다   realize 실현하다   grateful 감사하는

원하는 것을 얻기 위한 생각 사용법.

월러스 D. 와틀스(1860-1911)의 대표작 <부를 얻는 과학(1910)>은 자기 계발 분야의 고전으로, 세계적인 베스트셀러 <시크릿(The Secret by Rhonda Byrne, 2006)>에 큰 영향을 준 것으로도 유명하다. 와틀스는 '생각이 현실을 끌어당긴다'는 '끌어당김의 법칙(Law of Attraction)'을 체계적으로 설명한 초기 저자 중 한 명으로 평가받는다. 인용한 구절에서도 원하는 것을 얻기 위해서는 그것을 얻게 된다는 확신에 찬 마음을 가지는 것이 중요하다고 말하고 있다. 또한, 성공의 핵심 원리를 '명확한 비전, 확고한 의지, 그리고 반드시 실현 된다는 믿음과 감사한 마음'이라는 3단계로 나눠서 설명하고 있다.

앤드루 카네기 자서전 앤드루 카네기

A word, a look, an accent, may affect the destiny not only of individuals, but of nations. He is a bold man who calls anything a trifle. Who was it who, being advised to disregard trifles, said he always would if anyone could tell him what a trifle was? The young should remember that upon trifles the best gifts of the gods often hang.

—<Autobiography of Andrew Carnegie> by Andrew Carnegie, Chapter 3

…

한 마디 말, 한 번의 눈빛, 하나의 억양이 개인 뿐 아니라 국가의 운명에도 영향을 줄 수 있다. 무엇이든지 사소한 것이라 여기는 사람은 대담한 사람이다. 사소한 일은 무시하라는 조언을 듣고 사소한 게 어떤 것인지 누가 말해 줄 수 있으면 항상 그렇게 하겠다고 한 사람이 누구였던가? 젊은이들은 신이 주는 최고의 선물이 사소한 것에 달려 있을 때가 많다는 사실을 기억해야 한다.

—<앤드루 카네기 자서전> 앤드루 카네기, 3장

look 눈빛, 시선, 표정   accent 억양, 말투   bold 대담한   trifle 사소한 것   disregard 무시하다
hang upon ~에 달려 있다

사소한 것이 때로는 거대한 변화를 만든다.

인용한 구절은 앤드루 카네기가 전보 배달원으로 채용된 계기를 설명하는 과정에서 등장한다. 가까운 친척이 전신국 관계자와 체커 게임을 하던 중, 전보를 배달할 소년이 필요하다는 이야기를 듣고 카네기를 추천한다. 카네기는 면접 후 곧바로 채용되어 뛰어난 능력과 성실함을 인정받아 전신 기사로 승진하고 전신 업무를 맡게 된다. 이후 철도 산업에 대해 알게 되고 실무 경험을 쌓아 철강 산업에 진출해 막대한 부를 이루게 된다. 카네기는 이처럼 사소해 보이는 한마디 대화가 인생의 방향을 바꿀 수 있다는 점을 강조하며 아무리 사소해 보이는 일도 절대 가볍게 여겨서는 안 된다고 말하는 것이다.

사람이 생각하는 대로 제임스 앨런

Those who are not prepared for the apprehension of a great purpose should fix the thoughts upon the faultless performance of their duty, no matter how insignificant their task may appear. Only in this way can the thoughts be gathered and focused, and resolution and energy be developed, which being done, there is nothing which may not be accomplished.

—<As a Man Thinketh> by James Allen, Thought and Purpose

위대한 목적을 이해하고 받아들일 준비가 되어 있지 않은 사람들은 자신의 임무를 완벽하게 해내는 것에 생각을 집중해야 한다. 맡은 일이 아무리 하찮게 보일지라도 말이다. 오직 이 방법으로만 생각을 모으고 생각에 집중할 수 있으며 결단력과 힘을 기를 수 있고, 이 모든 것을 행하면, 이루지 못할 일이 없다.

—<사람이 생각하는 대로> 제임스 앨런, 생각과 목적

apprehension 이해, 파악   fix A upon B A를 B에 집중하다   faultless 완벽한
insignificant 사소한   focused 집중된   resolution 의지력, 결단력

위대한 목표를 품지 못했다면 우선 지금 맡은 일에 집중하라.

제임스 앨런(1864-1912, 영국)이 남긴 19권 가량의 책 중에 가장 널리 알려진 <사람이 생각하는 대로 (1903)>는 자기 계발서의 고전이라고 할 수 있다. 간단명료한 설명과 함께 비유를 통해 이해하기 쉽게 쓰여 있다. 자기 계발 분야의 대가인 나폴레온 힐, 데일 카네기 등이 이 책의 영향을 받았다고 한다. 사람은 곧 그 사람의 생각과 동일한 존재이며 어떤 생각을 가지는지가 환경과 운명을 결정한다는 내용을 담고 있다. 인용한 구절은 삶에서 인생을 바쳐 이룩할 만한 위대한 목적을 품지 못했다면 우선 자신이 하는 일에 집중해서 최선을 다하는 것부터 시작하라고 말한다.

월든 헨리 데이빗 소로

To him whose elastic and vigorous thought keeps pace with the sun, the day is a perpetual morning. It matters not what the clocks say or the attitudes and labors of men. Morning is when I am awake and there is a dawn in me.

—<Walden> by Henry David Thoreau,
Where I Lived, and What I Lived For

•••

유연하고 활기찬 생각이 태양과 보조를 맞추는 사람에게 그날 하루는 끊임없이 이어지는 아침과도 같다. 시계가 몇 시를 가리키든, 사람들의 태도와 노동이 어떠하든 중요하지 않다. 아침은 내가 깨어 있고 내 안에 새벽이 있는 시간이다.

—〈월든〉 헨리 데이빗 소로, 내가 살았던 곳과 거기서 살았던 이유

elastic 유연한   vigorous 활기찬   keep pace with ~와 보조를 맞추다
perpetual 끊임없이 계속되는   It matters not 중요하지 않다(It does not matter)

아침은 내가 깨어 있고 내 안에 새벽이 있는 시간이다.

소로는 아침을 '내가 깨어 있고, 내 안에 새벽이 있는 시간'이라고 정의한다. 진정한 아침은 육체의 기상이 아니라 정신이 깨어 있는 순간이라 말한다. 그 시간은 내면의 생기와 긍정의 의지가 충만한 상태이며, 외부의 시간이나 세상의 소란과는 무관하게 찾아오는 고요한 각성의 시간이다. 내면의 새벽을 스스로 깨우고 매일을 새롭게 시작하는 사람들은 늘 깨어 있는 삶을 살 수 있을 것이다.

소공녀 프랜시스 호지슨 버넷

When you will not fly into a passion people know you are stronger than they are, because you are strong enough to hold in your rage, and they are not, and they say stupid things they wish they hadn't said afterward. There's nothing so strong as rage, except what makes you hold it in—that's stronger.

—<A Little Princess> by Frances Hodgson Burnett, Chapter 10

...

네가 욱하지 않으면 사람들은 네가 그들 보다 더 강하다는 걸 알게 돼. 왜냐면 넌 분노를 억누를 만큼 강하지만 그들은 그렇지가 않아서 나중에 후회할 어리석은 말을 하게 되기 때문이야. 분노만큼 강한 건 없어. 단, 분노를 억제하는 힘은 예외야. 그게 더 강하거든.

—〈소공녀〉 프랜시스 호지슨 버넷, 10장

fly into a passion 갑자기 화를 내다   hold in 억누르다, 자제하다   afterward 나중에

분노보다 더 강한 건 분노를 억제하는 힘이야.

프랜시스 호지슨 버넷(1849-1924)은 영국 태생의 미국 작가이며 대표작으로는 <소공자(1886)>, <소공녀(1888)>, <비밀의 화원(1909)>이 있다. <소공녀>는 사랑스런 소녀 세라가 아버지의 갑작스러운 파산과 죽음으로 인해 모든 것을 잃고 하녀로 전락하지만, 특유의 상상력과 따뜻한 마음씨, 그리고 내면의 강인함으로 품위와 자제력을 잃지 않고 어려움을 극복해 나가는 과정을 그리고 있다. 인용한 구절은 세라가 굶주림과 추위, 고된 노동으로 고통을 겪는 동안 늘 말없이 곁에 있어 주는 소중한 인형 에밀리에게 자신의 속마음을 털어놓는 장면이다. 세라는 다른 사람들의 무례함이나 부당함에 쉽게 화를 내지 않고 스스로를 통제하는 법을 배워 나간다.

성공하는 사회생활

벤저민 프랭클린 자서전   벤저민 프랭클린

In order to secure my credit and character as a tradesman, I took care not only to be in reality industrious and frugal, but to avoid all appearances to the contrary. I dressed plainly; I was seen at no places of idle diversion. I never went out a fishing or shooting; a book, indeed, sometimes debauched me from my work, but that was seldom, snug, and gave no scandal; and, to show that I was not above my business, I sometimes brought home the paper I purchased at the stores through the streets on a wheelbarrow. Thus being esteemed an industrious, thriving young man […]

—<Autobiography of Benjamin Franklin> by Benjamin Franklin, Chapter 8

…
상인으로서 신용과 평판을 확고히 하기 위해, 나는 실제로도 부지런하고 검소할 뿐 아니라 그와 반대로 보이는 모든 것을 피하는 데에도 주의를 기울였다. 옷을 수수하게 차려입었고 한가한 유흥이 있는 어떤 곳에도 모습을 보이지 않았다. 절대 낚시나 사냥도 가지 않았다. 책 때문에 사실 가끔 일에서 멀어지기도 했지만, 그런 일은 매우 드물었고 일에 지장을 주지 않는 정도여서 불미스러운 일이 없었다. 그리고 내 일에 책임감이 있다는 것을 보여 주기 위해, 가끔은 상점에서 구입한 종이를 수레에 싣고 거리를 지나 집으로 가져오기도 했다. 이렇게 해서 나는 근면하고 성공한 젊은이라는 평판을 얻게 되었다. (…)

—<벤저민 프랭클린 자서전> 벤저민 프랭클린, 8장

secure 얻다, 확고히 하다   character 평판   frugal 검소함   idle 한가한   diversion 오락, 여가 활동   debauch ~에서 벗어나게 하다   snug 일하는 사이에 짬을 내서   above one's business 자신의 일을 하찮게 여기는   esteem ~라고 여기다   thriving 번창하는, 성공적인

좋은 평판을 얻기 위해 노력하라.

벤저민 프랭클린은 성공한 상인으로 인정받고 신뢰를 얻기 위해서는 실제로 성실하고 검소하게 생활하는 것 뿐 아니라, 그렇게 보이기 위한 노력도 중요하다고 말한다. 사람들에게 보이는 이미지 관리 또한 성공의 중요한 요소로 여긴 것이다. 프랭클린은 꾸준히 평판을 관리했으며 이를 통해 주변의 존경과 신뢰를 얻는 데 성공했고 이는 성공적인 사업으로 이어졌다.

성공하는 사회생활

벤저민 프랭클린 자서전 벤저민 프랭클린

The present little sacrifice of your vanity will afterwards be amply repaid. If it remains a while uncertain to whom the merit belongs, someone more vain than yourself will be encouraged to claim it, and then even envy will be disposed to do you justice by plucking those assumed feathers, and restoring them to their right owner.

―<Autobiography of Benjamin Franklin> by Benjamin Franklin, Chapter 8

당신의 허영심을 지금 조금만 버리면 나중에 충분히 보상받게 될 것이다. 그 공로가 누구 것인지 잠시 불확실한 상태로 있게 되면 당신보다 더 허영심 강한 누군가가 자기 것이라고 주장하려 들 것이고, 그렇게 되면 시기심마저도 그 훔친 깃털을 뽑아 버리고 합당한 주인에게 되돌려 줌으로써 당신에게 정의를 베풀려고 할 것이다.

―<벤저민 프랭클린 자서전> 벤저민 프랭클린, 8장

amply 충분히   merit 공로   vain 허영심이 강한   be disposed to ~할 마음이 들다   do justice 공정하게 대우하다   pluck (깃털을) 뽑다   assumed feather 훔친 깃털   restore 되돌려 주다

공로는 언젠가 제 주인을 찾기 마련이다.

벤저민 프랭클린은 당장 자신의 공로를 인정받지 못하거나 다른 사람이 자신의 업적을 부당하게 차지할 수도 있지만, 결국 거짓은 드러나고 오히려 주변 사람들의 시기심마저 그 진실을 밝히는 데 도움을 주게 된다고 말한다. 특히 주목할 만한 점은 프랭클린의 심리학적 통찰이다. 공로의 소유자가 불분명한 상태로 남아 있으면 더 허영심 많은 사람이 그것을 자신의 것이라고 주장하게 되는데, 이 허위 주장이 오히려 주변 사람들의 시기심을 자극하여 진정한 공로의 주인을 밝히는 계기가 된다고 말한다. 인용한 구절은 시기심조차도 결국 진정한 공로의 주인을 드러내는 도구가 된다는 프랭클린의 지혜와 인간 본성에 대한 깊은 통찰을 보여 준다.

성공하는 인간관계

피그말리온 조지버나드쇼

LIZA. You see, really and truly, apart from the things anyone can pick up (the dressing and the proper way of speaking, and so on), the difference between a lady and a flower girl is not how she behaves, but how she's treated. I shall always be a flower girl to Professor Higgins, because he always treats me as a flower girl, and always will; but I know I can be a lady to you, because you always treat me as a lady, and always will.

—<Pygmalion> by George Bernard Shaw, Act 5

라이자 있잖아요, 정말이지 진짜로, 누구든지 배울 수 있는 것(옷 입기와 올바르게 말하는 법 등)을 제외하면, 숙녀와 꽃 파는 아가씨의 차이는 행동하는 방식에 있지 않고 대우받는 방식에 있어요. 저는 히긴스 교수님께 항상 꽃 파는 아가씨일 거예요. 저를 항상 꽃 파는 아가씨로 대하시고 앞으로도 그러실 테니까요. 하지만 대령님께는 숙녀가 될 수 있다는 것을 알고 있어요, 저를 항상 숙녀로 대하시고 앞으로도 그러실 거니까요.

—<피그말리온> 조지 버나드 쇼, 5막

apart from ~을 제외하고   pick up 배우다   treat 대하다

숙녀와 꽃 파는 소녀의 차이는 대우받는 방식이에요.

아일랜드 태생의 작가 조지 버나드 쇼(1856-1950)의 대표작 중 하나인 희곡 <피그말리온>은 1913년 독일에서 처음 무대에 올랐고 대본은 1916년에 출간되었다. 쇼는 1925년 노벨 문학상을, 1939년에는 영화로 만들어진 <피그말리온>으로 아카데미 각색상을 수상했다. <피그말리온>에서 히긴스 교수는 빈민 계층 출신의 꽃 파는 소녀 라이자의 억양과 말투를 교정해 줌으로써 상류층 여성으로 변화시켜 놓았을 뿐 아니라 내면까지 바꿔 놓는다. 그럼에도 불구하고, 인용한 구절에서 라이자는 자신이 히긴스 교수에게는 여전히 같은 사람으로 남을 수밖에 없는 이유를 설명한다. 이 인용문은 상대를 어떻게 대하느냐가 인간관계를 결정짓는 중요한 열쇠임을 보여 주고 있다.

위대한 개츠비 F. 스콧 피츠제럴드

In my younger and more vulnerable years my father gave me some advice that I've been turning over in my mind ever since.
"Whenever you feel like criticizing anyone," he told me, "just remember that all the people in this world haven't had the advantages that you've had."

―<The Great Gatsby> by F. Scott Fitzgerald, Chapter 1

...
더 어리고 상처받기 쉽던 시절, 아버지가 충고를 하나 해 주셨는데 나는 지금껏 그 말을 마음속에서 되새기곤 한다. "누군가를 비판하고 싶어질 때마다," 아버지는 말씀하셨다. "이 세상 사람들이 모두 너처럼 유리한 입장에 있는 건 아니라는 사실을 기억해라."

―<위대한 개츠비> F. 스콧 피츠제럴드, 1장

vulnerable 상처받기 쉬운   turn over in one's mind 계속해서 생각하다   ever since 그 이후로
criticize 비판하다

누군가를 비판하고 싶어질 땐 이 말을 떠올려라.

인용한 구절은 <위대한 개츠비>에서 개츠비의 이웃이자 이야기를 이끌어 가는 화자인 닉 캐러웨이가 어린 시절 아버지에게 들었던 조언이다. 소설의 맨 처음에 등장하는 구절로, 자주 인용되는 유명한 문장이다. 타인을 쉽게 판단하거나 비난하고 싶은 마음이 들 때 그 사람의 삶에 어떤 배경이 있었는지를 먼저 생각해 보라는 의미를 담고 있다. 이 조언은 화자이자 관찰자이며 때로는 중재자의 역할을 하는 닉이 개츠비와 그 주변 인물들을 바라보는 기본적인 태도와 시각을 형성하는 기준이 되기도 한다.

벤저민 프랭클린 자서전 벤저민 프랭클린

Having heard that he had in his library a certain very scarce and curious book, I wrote a note to him, expressing my desire of perusing that book, and requesting he would do me the favour of lending it to me for a few days. He sent it immediately, and I returned it in about a week with another note, expressing strongly my sense of the favour. When we next met in the House, he spoke to me (which he had never done before), and with great civility; and he ever after manifested a readiness to serve me on all occasions, so that we became great friends, and our friendship continued to his death.

—<Autobiography of Benjamin Franklin> by Benjamin Franklin, Chapter 10

그의 서재에 매우 희귀하고 특이한 책이 한 권 있다는 말을 듣고, 편지를 써서 그 책을 자세히 읽어 보고 싶다는 바람을 밝히며 며칠간 빌려주는 호의를 베풀어 줄 수 있는지 물었다. 그는 책을 즉시 보내 주었고, 나는 1주일쯤 후에 호의에 대한 깊은 감사를 표하는 또 다른 편지와 함께 책을 돌려주었다. 다음에 의회에서 만났을 때 그가 말을 걸어 왔고(전에는 절대 하지 않던 일이다), 매우 예의를 갖춰서 말했다. 그리고 그 후로는 언제나 내게 도움을 줄 준비가 되어 있음을 나타내 보였다. 그래서 우리는 친한 친구가 되었고, 우리의 우정은 그가 세상을 떠날 때까지 계속되었다.

—<벤저민 프랭클린 자서전> 벤저민 프랭클린, 10장

scarce 드문, 희귀한   curious 신기한, 특이한   peruse 자세히 읽다   civility 정중함
manifest 분명히 나타내다   readiness 준비되어 있음   serve ~를 돕다   on all occasions 언제나

상대가 나에게 친절을 베풀게 하라.

벤저민 프랭클린은 자신에게 우호적이지 않았던 의회 의원과의 관계를 개선하기 위해 독특한 방법을 활용했다. 그 의원이 소장한 희귀하고 특이한 책을 빌려 달라는 요청을 한 후 감사한 마음을 담은 편지를 써서 돌려주었다. 상대방이 자신에게 친절을 베풀 기회를 제공한 것이다. 그 의원은 프랭클린에게 지속적인 호감을 느끼며 스스로 더 많은 친절을 베풀고자 했고, 결국 두 사람은 깊은 우정을 나누는 사이가 되었다. 사람은 자신이 타인에게 베푼 친절을 통해 정서적 유대감을 형성하는 경향이 있다. 어려운 관계를 개선하고자 할 때, 상대방의 도움을 정중하게 요청하고 그 호의에 진심으로 감사함을 표현하는 것은 관계 개선의 효과적인 전략이 될 수 있다.

Part 07
성장

피터 팬 제임스 매튜 배리

All children, except one, grow up. They soon know that they will grow up, and the way Wendy knew was this. One day when she was two years old she was playing in a garden, and she plucked another flower and ran with it to her mother. I suppose she must have looked rather delightful, for Mrs. Darling put her hand to her heart and cried, "Oh, why can't you remain like this forever!" This was all that passed between them on the subject, but henceforth Wendy knew that she must grow up.

—<Peter Pan> by James Matthew Barrie, Chapter 1

...

아이들은, 한 명을 제외하고 모두 어른이 된다. 그들은 어른이 될 거라는 사실을 곧 알게 되는데, 웬디가 알게 된 방식은 이렇다. 두 살이던 어느 날 정원에서 놀다가 꽃 한 송이를 더 꺾어 가지고 엄마에게 달려갔다. 아마도 웬디가 꽤 사랑스러워 보였나 보다. 달링 부인이 한 손을 가슴에 얹고 이렇게 외친 것을 보면 말이다. "아, 왜 이대로 영원히 머물 수 없는 거니?" 이것이 그 주제에 관해 둘 사이에 오갔던 전부였지만, 그 이후로 웬디는 어른이 되어야 한다는 것을 알았다.

—<피터 팬> 제임스 매튜 배리, 1장

pluck 꽃을 따다   rather 꽤   cry 외치다   remain (어떤 상태를) 유지하다   henceforth 그 이후로

언젠가는 모두 어른이 된다.

스코틀랜드 출신의 작가 제임스 매튜 배리(1860-1937)의 대표작 <피터 팬>은 1904년 연극으로 처음 발표되었고 1911년 소설로 출판되었다. 런던에 사는 웬디 달링과 동생들이 어느 날 밤 나타난 피터 팬을 따라 영원한 아이들의 섬 네버랜드로 모험을 떠났다가 현실 세계로 돌아와 성인이 되어 삶을 살아간다는 이야기이다. 인용한 구절의 첫 문장은 자주 인용되는 유명한 문장으로, 어른이 되지 않는 유일한 아이는 피터 팬을 가리킨다. 작가는 어린아이가 성장의 필연성을 처음 인식하게 되는 순간을 감성적으로 묘사하고 있다.

독일인의 사랑   막스 뮐러

Childhood has its secrets and its mysteries; but who can tell or who can explain them! We have all roamed through this silent wonder-wood—we have all once opened our eyes in blissful astonishment, as the beautiful reality of life overflowed our souls. We knew not where, or who, we were—the whole world was ours and we were the whole world's. That was an infinite life—without beginning and without end, without rest and without pain. In the heart, it was as clear as the spring heavens, fresh as the violet's perfume—hushed and holy as a Sabbath morning.

—<Memories: A Story of German Love> by Max Müller,
translated by George P. Upton, First Memory

...

어린 시절은 그 나름의 비밀과 신비를 간직하고 있지만 누가 이에 대해 알려 주거나 설명할 수 있겠는가! 우리는 모두 이 고요한 경이의 숲을 거닐어 보았고 삶의 아름다운 현실이 우리의 영혼에 넘쳐흐를 때 환희에 찬 놀라움으로 눈을 뜬 적이 있다. 우리는 어디에 있는지, 누구인지 알지 못하였다. 온 세상이 우리에게 속해 있었고 우리는 온 세상에 속해 있었다. 그건 무한의 삶이었다. 시작도 끝도 없고, 쉼과 고통도 없었다. 마음속은 봄 하늘처럼 맑았고 제비꽃 향기처럼 싱그러웠으며 안식일 아침처럼 숨죽인 듯 조용하고 성스러웠다.

—<독일인의 사랑> 막스 뮐러 지음, 조지 P. 업튼 번역, 첫 번째 회상

roam through ~를 자유롭게 돌아다니다   blissful 더없이 행복한   astonishment 놀라움
infinite 무한한   hushed 조용한

우리는 모두 이 고요한 경이의 숲을 거닐어 보았다.

<독일인의 사랑>은 작품 속 화자의 회상을 따라 삶을 회고하는 형식으로 전개되는 소설이다. 인용한 구절은 소설의 첫 부분으로, 인생의 가장 순수한 시기인 어린 시절을 회상하는 대목이다. 화자는 세상을 처음 마주하던 어린 시절을 '고요한 경이의 숲'에 비유한다. 그곳에서 아이는 자아와 이 세상 사이의 경계 없이 하나 되어 존재하며, 삶을 무한하고 고통이 없는 아름답고 평화로운 세계로 인식한다. 우리는 모두 그 고요한 경이의 숲을 지나 성인이 되어 살아간다. 다시는 돌아갈 수 없는 어린 시절을 마음속에 간직한 채.

도리언 그레이의 초상 오스카 와일드

Children begin by loving their parents; as they grow older they judge them; sometimes they forgive them.

—<The Picture of Dorian Gray> by Oscar Wilde, Chapter 5

...
아이들은 부모를 사랑하는 것으로 시작하여, 자라면서 부모를 비판하고, 때로는 부모를 용서한다.

—<도리언 그레이의 초상> 오스카 와일드, 5장

judge 판단하다, 비판하다   forgive 용서하다

아이들은 부모를 사랑하고, 비판하고, 용서한다.

인용한 구절은 아이가 어른으로 성장하는 과정에서 겪는 심리 변화를 간결하게 묘사하고 있다. 시간이 흘러 아이가 어른이 되면, 부모를 더욱 객관적인 시각으로 바라볼 수 있게 된다. 부모 역시 불완전한 인간이며 나름의 고충과 한계 속에서 최선을 다해 살아왔음을 이해한다. 과거에는 비판적으로 보았던 부모의 모습에서 연민과 공감을 느끼고 때로는 서툴렀던 부모의 사랑 방식을 뒤늦게 깨닫기도 한다. 이 과정에서 아이는 부모를 용서하게 된다는 의미를 담고 있다.

피터팬 제임스매튜배리

That was the last time the girl Wendy ever saw him. For a little longer she tried for his sake not to have growing pains; and she felt she was untrue to him when she got a prize for general knowledge. But the years came and went without bringing the careless boy; and when they met again Wendy was a married woman, and Peter was no more to her than a little dust in the box in which she had kept her toys. Wendy was grown up. You need not be sorry for her. She was one of the kind that likes to grow up. In the end she grew up of her own free will a day quicker than other girls.

—<Peter Pan> by James Matthew Barrie, Chapter 17

...

그것이 소녀 웬디가 그를 보았던 마지막이었다. 그녀는 그를 생각해서 조금 더 오랫동안 성장통을 겪지 않으려 노력했고, 상식을 인정받아 상을 탔을 때는 그를 배신한 것 같은 느낌이 들었다. 하지만 시간은 그 무심한 소년을 데려오지 않은 채로 계속 흘러갔으며 둘이 다시 만났을 때 웬디는 결혼한 여자였고 웬디에게 피터는 장난감을 보관해 두었던 상자에 들어 있는 약간의 먼지에 불과했다. 웬디는 어른이 되어 있었던 것이다. 그녀에 대해 안타까워하지 않아도 된다. 그녀는 어른이 되고 싶어 하는 그런 부류 중의 하나였으니까. 결국 그녀는 자신의 자유 의지로 다른 여자아이들보다 하루 더 빨리 어른이 되었다.

—<피터 팬> 제임스 매튜 배리, 17장

for one's sake ~를 위해   untrue 신의를 저버린   be sorry for ~를 안타깝게 여기다
of one's own free will 자유 의지로, 자발적으로

아이들은 모두 이렇게 어른이 되어 간다.

<피터 팬>은 성장, 시간, 상실 등 다양한 주제를 다룬다. 어른이 되기를 거부하고 영원히 어린아이로 남으려는 등장인물인 피터를 통해서는 어른들의 세계에 대한 비판적인 시각을 보여 주는 동시에, 어린 시절의 순수함과 자유에 대한 향수를 불러일으킨다. 반면, 웬디는 현실을 받아들이고 결국 어른이 되는 길을 택한다. 인용한 구절은 우리 모두가 언젠가 거쳐야 할 성장의 필연성과 그 감정의 복잡함을 섬세하게 묘사하고 있다.

만남을 통한 성장

내 인생 이야기   헬렌 켈러

Have you ever been at sea in a dense fog, when it seemed as if a tangible white darkness shut you in, and the great ship, tense and anxious, groped her way toward the shore with plummet and sounding line, and you waited with beating heart for something to happen? I was like that ship before my education began, only I was without compass or sounding line, and had no way of knowing how near the harbour was. "Light! Give me light!" was the wordless cry of my soul, and the light of love shone on me in that very hour.

—<The Story of My Life> by Helen Keller, Chapter 4

짙은 안개 속에서 항해를 해 본 적이 있는가? 만질 수 있을 것만 같은 흰 어둠에 갇힌 채, 큰 배가 긴장하고 걱정하는 마음으로 깊이를 재는 추와 줄을 이용해서 해안가를 향해 더듬어 나아가며, 두근거리는 가슴으로 무슨 일이 일어날지 기다리는 것처럼 보일 때 말이다. 교육이 시작되기 전의 나는 그 배와 같았다. 나침반이나 깊이를 재는 줄이 없다는 점만이 달랐다. 그리고 항구가 얼마나 가까이 있는지도 알 길이 없었다. "빛! 나에게 빛을 줘!"라는 소리 없는 내 영혼의 외침이 있었고 바로 그 시간에 사랑의 빛이 나를 비추었다.

—<내 인생 이야기> 헬렌 켈러, 4장

---

dense 짙은, 밀도가 높은   tangible 만질 수 있는   grope 더듬으며 나아가다   plummet 바다 깊이를 재는 데 쓰는 추   sounding line 측연선(바다 깊이를 재는 데 쓰는 줄)   harbour 항구(harbor)

삶의 전환점이 되는 만남, 어둠에서 빛으로.

인용한 구절은 헬렌 켈러가 설리번 선생님을 만나 교육을 받기 이전에 느꼈던 불안감과 고립된 심리 상태를 생생히 묘사하고 있다. 자신의 감정과 생각을 언어로 표현할 수 없었던 헬렌 켈러는 소통할 수 없는 데서 오는 좌절감을 극도의 분노나 이상 행동으로 드러냈다. 딸의 교육 문제로 고심하던 헬렌의 부모는 알렉산더 그레이엄 벨(Alexander Graham Bell) 박사를 찾아간다. 최초의 실용적인 전화기를 발명한 것으로 유명한 벨 박사는 청각 장애인 교육에도 관심이 많았다. 그가 추천한 장애인 특수 교육 기관을 통해 설리번 선생님이 헬렌의 가정 교사로 오게 되었고, 이 만남은 헬렌의 삶을 완전히 뒤바꾸었다. 헬렌은 설리번 선생님과의 만남을 어둠 속에 찾아든 사랑의 빛과도 같았다고 표현하고 있다.

내 인생 이야기 헬렌 켈러

At the beginning I was only a little mass of possibilities. It was my teacher who unfolded and developed them. When she came, everything about me breathed of love and joy and was full of meaning. She has never since let pass an opportunity to point out the beauty that is in everything, nor has she ceased trying in thought and action and example to make my life sweet and useful.

—<The Story of My Life> by Helen Keller, Chapter 7

처음에 나는 가능성을 지닌 작은 존재에 불과했다. 그 가능성을 펼치고 발전시켜 준 분은 바로 나의 선생님이었다. 선생님이 오셨을 때 내 주변의 온 세상이 사랑과 기쁨으로 숨 쉬었고 의미로 가득했다. 선생님이 오신 이후로 세상에 존재하는 아름다움에 대해 알려 줄 기회를 놓치신 적이 없었고 내 삶을 즐겁고 의미 있게 만들기 위해서 생각과 행동과 본보기를 통해 최선을 다하는 것도 멈추지 않으셨다.

—<내 인생 이야기> 헬렌 켈러, 7장

unfold 펼치다   breathe of ~한 기운을 풍기다   point out 알려 주다
cease -ing ~하는 것을 멈추다

처음에 나는 가능성을 지닌 작은 존재에 불과했습니다.

인용한 구절은 헬렌 켈러가 설리번 선생님과의 만남을 통해 자신의 삶이 어떻게 변화했는지를 잘 보여 준다. 7살 무렵 설리번 선생님을 처음 만난 이후 헬렌은 배움과 성장을 거듭하며 어려움을 이겨내고 마침내 대학에 진학한다. 대학 4학년이 되던 해, 자서전 <내 인생 이야기>를 출간하면서 헬렌은 미국을 넘어 전 세계에 알려지게 된다. 듣지도, 보지도, 말하지도 못했던 어린 헬렌이 용기와 희망의 상징으로 거듭날 수 있었던 것은 스승이자 평생의 동반자였던 설리번 선생님 덕분이었다. 그들의 이야기는 지금까지도 수많은 사람들에게 깊은 울림과 감동을 주고 있다.

고난 뒤의 성장

위대한 유산 찰스 디킨스

[…] suffering has been stronger than all other teaching, and has taught me to understand what your heart used to be. I have been bent and broken, but – I hope – into a better shape.

—<Great Expectations> by Charles Dickens, Chapter 59

…

(…)시련은 다른 모든 가르침보다 강했고, 너의 마음이 예전에 어땠는지 이해하도록 가르쳐 주었어. 나는 비록 휘어지고 부러졌지만, 희망하건대, 더 나은 모습으로 바뀌었기를 바라.

—<위대한 유산> 찰스 디킨스, 59장

suffering 고난, 시련   bent 휘어진

시련은 다른 모든 가르침보다 강하다.

인용한 구절은 <위대한 유산>의 마지막 장면에서 에스텔라가 핍에게 하는 말이다. 에스텔라는 자신을 양녀로 길러 준 미스 해비셤에게 사랑, 동정, 연민 같은 감정을 억제하며 남자의 사랑을 믿지 말라는 가르침을 받으며 자란다. 미스 해비셤은 약혼자가 결혼식 당일 사라지자 배신감과 충격으로 결혼식 드레스를 입은 채 멈춘 시간 속에 살아가며 남자에 대한 복수를 대신하도록 에스텔라를 기른 것이다. 에스텔라는 사랑하지 않는 남자와의 결혼, 남편의 학대, 사별 그리고 재혼 등의 시련을 겪는다. 그녀는 삶에서 마주해야 했던 시련 덕분에 핍의 감정을 이해하게 되었고 자신이 더 나은 사람으로 변화되었기를 바란다고 말하고 있다. 핍이 신분 상승만을 꿈꾸며 살다가 삶의 중요한 가치를 깨닫고 성장하듯이 에스텔라도 시련을 통해 자신을 돌아보고 더 성숙한 인간으로 거듭나게 된다.

고난 뒤의 성장

내 인생 이야기 헬렌 켈러

For, after all, everyone who wishes to gain true knowledge must climb the Hill Difficulty alone, and since there is no royal road to the summit, I must zigzag it in my own way. I slip back many times, I fall, I stand still, I run against the edge of hidden obstacles, I lose my temper and find it again and keep it better, I trudge on, I gain a little, I feel encouraged, I get more eager and climb higher and begin to see the widening horizon.

—〈The Story of My Life〉 by Helen Keller, Chapter 20

…

결국 참된 지식을 얻고자 하는 사람은 누구나 홀로 고난의 언덕을 올라야 하고, 정상에 오르는 데 왕도가 없으므로, 나만의 방식으로 이리저리 헤매며 올라야 한다. 여러 번 미끄러져 내리고, 넘어지고, 멈춰 서고, 숨겨진 장애물의 가장자리에 부딪히기도 한다. 화를 냈다가 다시 진정하고 더 의연해진다. 힘겹게 계속 나아가다가, 조금 더 높이 올라가 기운을 차리고, 더욱 간절해져서 더 높이 올라 점점 넓어지는 지평선을 보기 시작한다.

—〈내 인생 이야기〉 헬렌 켈러, 20장

summit 정상   slip back 미끄러져 내리다   obstacle 장애물   lose one's temper 화를 내다
trudge on 힘겹게 계속 나아가다

참된 지식을 얻고자 하면 홀로 고난의 언덕을 올라야 한다.

<내 인생 이야기>에는 헬렌 켈러가 자신의 장애를 극복하며 성장해 가는 모습이 고스란히 담겨 있다. 특히 대학에 진학했을 때는 또 다른 삶의 도전을 맞이하게 된다. 헬렌은 설리번 선생님이 자신의 손바닥에 수업과 책의 내용을 일일이 적어 주는 방식으로 공부해야 했다. 당시에는 점자책이 거의 없었기 때문에 보통의 학생들보다 훨씬 더 많은 시간과 노력을 들여야 했다. 인용한 구절에서 헬렌은 자신의 경험을 바탕으로, 배움이란 단순히 지식을 습득하는 일이 아니라 수많은 좌절을 딛고 인내하며 자신의 한계를 넘어 성장해 나가는 과정임을 보여 주고 있다.

죄와 벌 표도르 도스토옙스키

I am a man because I err! You never reach any truth without making fourteen mistakes and very likely a hundred and fourteen. And a fine thing, too, in its way; but we can't even make mistakes on our own account! Talk nonsense, but talk your own nonsense, and I'll kiss you for it. To go wrong in one's own way is better than to go right in someone else's. In the first case you are a man, in the second you're no better than a bird.

—<Crime and Punishment> by Fyodor Dostoyevsky, translated by Constance Garnett, Part 3, Chapter 1

...

실수를 하기 때문에 인간인 겁니다! 열네 번의 실수를 하지 않고는 결코 진리에 도달할 수 없어요, 어쩌면 백열네 번의 실수일 수도 있죠. 그리고 그 또한 나름 훌륭한 일입니다. 하지만 우리는 실수조차 스스로 하지 못해요! 터무니없는 말을 하되, 자기 자신만의 터무니없는 말을 하세요. 그러면 내가 그것에 대해 칭찬해드리지요. 자신의 방식대로 잘못된 길을 가는 것이 남의 방식대로 올바른 길을 가는 것보다 나아요. 첫 번째 경우는 인간이지만, 두 번째 경우는 새보다 나을 게 없습니다.

—<죄와 벌> 표도르 도스토옙스키 지음, 콘스턴스 가넷 번역, 3부 1장

err 실수하다   nonsense 터무니없는 말   no better than ~와 다름없는

인간은 실수를 통해 성장한다.

표도르 도스토옙스키(1821-1881, 러시아)의 대표작 중 하나인 <죄와 벌(1866)>은 자신이 사회적 규범이나 도덕을 초월하는 비범한 인간 부류에 속하는지 알아보기 위해 살인을 저지른 가난한 대학생 라스콜니코프가 죄책감과 내적 갈등을 겪으며 참된 구원을 찾아가는 과정을 그린 소설이다. 인용한 구절은 주인공 라스콜니코프의 친구인 라주미힌이 술에 취한 상태에서 라스콜니코프의 여동생과 어머니에게 한 말이다. 타인의 기준이나 방식에 얽매이지 않고 스스로 선택한 길을 가는 것이, 비록 그 길이 실패로 끝나더라도 개인의 성장에 있어 더 의미 있는 경험이 될 수 있음을 강조한다. 자기주장과 자기결정의 중요성을 이야기할 때도 자주 인용되는 문장이다.

자기만의 방   버지니아울프

Therefore I would ask you to write all kinds of books, hesitating at no subject however trivial or however vast. By hook or by crook, I hope that you will possess yourselves of money enough to travel and to idle, to contemplate the future or the past of the world, to dream over books and loiter at street corners and let the line of thought dip deep into the stream.

—〈A Room of One's Own〉 by Virginia Woolf, Chapter 6

...

그러므로 저는 사소한 주제든 방대한 주제든 망설이지 말고 온갖 종류의 책을 써 보라고 권하고 싶습니다. 무슨 수를 써서라도, 저는 여러분이 충분한 돈을 마련해서 여행하고 한가롭게 지내며, 세상의 미래나 과거에 대해 깊이 생각해 보고, 책을 읽으며 꿈을 꾸고, 길모퉁이에서 어슬렁거리기도 하고, 생각의 줄기가 사고의 흐름 속으로 깊이 잠길 수 있기를 바랍니다.

—〈자기만의 방〉 버지니아 울프, 6장

trivial 사소한   by hook or by crook 무슨 수를 써서라도   possess oneself of ~을 자기 것으로 만들다(acquire for oneself)   idle 한가롭게 시간을 보내다   contemplate 깊이 생각하다
loiter 어슬렁거리다

글을 쓰고, 여행하고, 사색하라.

버지니아 울프는 <자기만의 방>에서 여성 작가가 창작 활동을 하려면 연간 500파운드의 수입과 자기만의 방이 필요하다고 주장했다. 여성들이 문학 창작에서 배제되어 온 역사적, 사회적 배경을 분석한 울프는 여성들에게 다양한 주제로 책을 쓰라고 권한다. 돈은 단순한 생계 수단이 아니라, 자유롭게 사유할 수 있는 시간과 공간을 마련하는 기반으로 생각했다. 경제적인 기반을 마련해서 내면의 목소리에 귀 기울이는 시간을 통해 끊임없이 자신을 탐구하고 세상을 이해하며 내면의 깊이를 더해 나가라고 권하고 있다. 울프는 이런 삶의 방식이야말로 깊은 성찰과 내면의 성장, 그리고 진정한 창작의 원천이라고 말한다.

데미안 헤르만 헤세

The bird fights its way out of the egg. The egg is the world. Whoever will be born must destroy a world.

—<Demian> by Hermann Hesse, an anonymous translation (published in New York in 1923), Chapter 5

...

새는 알을 깨고 나오려 애쓴다. 알은 세계이다. 태어나려 하는 사람은 누구라도 반드시 하나의 세계를 파괴해야 한다.

—<데미안> 헤르만 헤세 지음, 번역자 미상(1923년 뉴욕 출판), 5장

fight one's way out ~에서 빠져나오려 애쓰다   destroy 파괴하다

새는 알을 깨고 나온다.

이 짧지만 강력한 은유는 <데미안>에서 개인의 성장과 자아 발견의 과정을 상징적으로 묘사하는 가장 유명한 구절이다. 주인공 싱클레어는 어릴 적 집 현관의 문장(crest)에서 본 새의 형상을 따라 알 속에서 빠져나오려는 듯한 모습의 매(hawk)를 그려 데미안에게 보낸다. 이에 대한 응답으로, 인용한 구절이 쓰여 있는 쪽지를 받게 된다. 싱클레어는 그림을 보낼 때 아무런 말도 쓰지 않았고 누가 보냈는지조차 밝히지 않았지만 자신의 그림을 이해한 데미안에게서 온 답장이라는 것을 바로 알아차린다. 인용한 구절은 자신이 태어나고 자란 기존의 가치관, 규범, 정체성 등의 익숙한 세계를 깨고 나와야 진정한 성장에 이르게 된다는 의미다. 데미안의 답장은 내면의 혼란과 고독 속에서 방황하던 싱클레어가 본격적인 자아 탐색의 여정을 시작하는 계기가 된다.

데미안 <small>헤르만 헤세</small>

Perhaps you will need me once again, on account of Kromer, or something. When you call me, I shall not come riding on a horse, or in a train. You must hearken to the voice inside you, then you will notice it is I, that I am in you.

—<Demian> by Hermann Hesse, an anonymous translation (published in New York in 1923), Chapter 8

...
너는 내가 다시 필요할지도 몰라, 크로머 때문이든 아니면 다른 이유든. 네가 나를 불러도 나는 말이나 기차를 타고 오지 않을 거야. 너는 네 안에 있는 목소리에 귀를 기울여야 해. 그러면 그것이 바로 나임을, 내가 네 안에 있음을 알게 될 거야.

—<데미안> 헤르만 헤세 지음, 번역자 미상(1923년 뉴욕 출판), 8장

on account of ~ 때문에   I shall not ~하지 않을 것이다(I will not)
hearken to ~을 귀 기울여 듣다(listen to)

너는 네 안에 있는 목소리에 귀를 기울여야 해.

인용한 구절은 소설의 결말 부분에서 데미안이 싱클레어에게 하는 말로, 진정한 자아 성장과 문제 해결의 열쇠는 외부가 아닌 자신의 내면에 있다는 의미를 담고 있다. 크로머는 소설 초반 어린 싱클레어를 협박하고 괴롭혔던 인물로, 과거의 두려움이나 어려움을 상징한다. 그러한 위협에 대해 외부에서 도움을 주는 방식으로는 더 이상 나타나지 않을 것이라는 데미안의 말은, 외부의 도움보다 내면의 목소리에 귀 기울여야 할 때가 되었음을 나타낸다. 이 구절은 진정한 성장은 결국 자신의 내면으로 향하는 여정임을 보여 주고 있다.

피그말리온 조지버나드쇼

MRS. HIGGINS. You certainly are a pretty pair of babies, playing with your live doll.
HIGGINS. Playing! The hardest job I ever tackled: make no mistake about that, mother. But you have no idea how frightfully interesting it is to take a human being and change her into a quite different human being by creating a new speech for her. It's filling up the deepest gulf that separates class from class and soul from soul.

—<Pygmalion> by George Bernard Shaw, Act 3

히긴스 부인 정말 귀여운 한 쌍의 아기들 같구나, 살아 있는 인형을 가지고 놀고 있어.
히긴스 논다고요! 여태까지 제가 맡았던 일 중에 가장 어려운 일이에요. 정말이에요, 어머니. 하지만 어머니는 한 인간을 데려다가 새로운 언어를 만들어 줌으로써 완전히 다른 인간으로 변화시키는 것이 얼마나 흥미진진한 일인지 절대 모르실 거예요. 그건 계급과 계급, 영혼과 영혼을 가르는 가장 깊은 골을 메우는 일이에요.

—<피그말리온> 조지 버나드 쇼, 3막

tackle (힘든 일을) 다루다, 맡다   make no mistake about ~은 정말이다   frightfully 굉장히
gulf 큰 차이   separate A from B A를 B로부터 분리하다

새로운 언어는 새로운 사람을 만든다.

<피그말리온>은 언어와 사회 계층 간의 관계를 다루며 언어가 한 사람의 외적인 모습뿐 아니라 내적인 성장과 정체성에도 깊은 영향을 준다는 사실을 탐구하는 작품이다. 인용한 구절은 히긴스 교수의 대사를 통해 새로운 언어가 한 인간을 완전히 변화시키는 큰 힘을 지녔다는 사실을 설명하고 있다.

마지막 수업   <small>알퐁스 도데</small>

One topic leading to another, Monsieur Hamel began to speak of the French language, saying it was the strongest, clearest, most beautiful language in the world, which we must keep as our heritage, never allowing it to be forgotten, telling us that when a nation has become enslaved, she holds the key which shall unlock her prison as long as she preserves her native tongue.

—〈The Last Lesson〉 by Alphonse Daudet,
an anonymous translation(published in 1900)

...

한 주제에서 또 다른 주제로 이어지며, 아멜 선생님은 프랑스어에 대해 말씀하시기 시작했다. 프랑스어가 세상에서 가장 강인하고 가장 명확하며, 가장 아름다운 언어라고 말씀하셨다. 우리는 이 언어를 우리의 문화 유산으로 반드시 지켜야 하며 절대 잊혀지게 두면 안 된다고 하셨다. 한 국가가 노예가 되었을 때 자국의 언어를 보존하고 있기만 하면 감옥 문을 열 수 있는 열쇠를 쥐고 있는 것과 같다고 말씀하셨다.

—〈마지막 수업〉 알퐁스 도데 지음, 번역자미상(1900년 출판)

heritage (문화적, 역사적) 유산   become enslaved 노예가 되다   preserve 보존하다

언어는 민족의 정체성과 자유를 지키는 열쇠이다.

알퐁스 도데의 대표작 중 하나인 <마지막 수업>은 단편집 <월요 이야기(1873)>에 수록되어 있다. 프랑스-프로이센 전쟁(1870-1871) 이후 프랑스의 알자스 지방이 독일에 병합되면서 프랑스어 교육이 금지되었던 역사적 사실을 배경으로 하고 있다. <마지막 수업>은 알자스 지방에 살고 있는 소년 프란츠의 관점에서 마지막 프랑스어 수업이 있던 날 교실 안팎의 풍경과 그날 느낀 감정들을 섬세하게 그려 냈다. 인용한 구절은 프랑스어 교사인 아멜 선생님이 학생들에게 프랑스어의 아름다움과 중요성을 강조하며 억압 속에서도 자국의 언어를 지키는 것이 곧 정체성과 자유를 지키는 길임을 일깨워 주는 장면이다.

Part 08
지혜

독일인의 사랑 막스 뮐러

Bear life as I have borne it. Lose not a day in useless lamentation. Help mankind whenever you can. Love them and thank God that you have seen and known and loved on this earth such a human heart as hers—and that you have lost it.

—<Memories: A Story of German Love> by Max Müller,
translated by George P. Upton, Last Memory

내가 감당했던 것처럼 자네도 삶을 감당하게. 쓸데없는 탄식으로 하루도 낭비하지 말게나. 힘 닿을 때마다 사람들을 도와주게. 그들을 사랑하고 하나님께 감사하게나. 그녀와 같은 인간의 마음을 이 땅에서 보고, 알고, 사랑했던 것에 대해, 그리고 그것을 잃어버린 것에 대해서도.

—〈독일인의 사랑〉 막스 뮐러 지음, 조지 P. 업튼 번역, 마지막 회상

bear 견디다, 감당하다   **lamentation** 한탄, 한식   **mankind** 인류, 사람들

사랑했음에, 그리고 그 사랑을 잃었음에도 감사하라.

사랑하는 이를 잃은 사람에게 우리는 어떤 위로의 말을 건넬 것인가? 막스 뮐러는 마리아의 건강을 돌보던 노년의 의사를 통해, 상실을 겪은 뒤 삶의 태도에 대해 조언한다. 사랑하는 마리아를 잃은 '나'에게 슬픔에만 머무르지 말고 삶을 소중히 여기며 타인을 돕고 사랑하라고 말한다. 더 나아가 사랑했던 기억뿐 아니라 사랑하는 사람을 잃은 경험조차 감사하라고 한다. 젊은 시절 사랑하는 여인을 떠나보낼 수밖에 없었던 아픔을 지닌 노년의 의사가 전하는 이 조언은 상실을 그저 견뎌 내야 할 고통이 아니라 삶을 더욱 깊고 의미 있게 만들어 가는 여정으로 받아들이라는 깨달음을 얻게 한다.

삶을 대하는 지혜

빨간 머리 앤 루시 모드 몽고메리

"I'll win that scholarship if hard work can do it," she resolved. "Wouldn't Matthew be proud if I got to be a B.A.? Oh, it's delightful to have ambitions. I'm so glad I have such a lot. And there never seems to be any end to them—that's the best of it. Just as soon as you attain to one ambition you see another one glittering higher up still. It does make life so interesting."

—<Anne of Green Gables> by Lucy Maud Montgomery, Chapter 34

...

"열심히 노력해서 받을 수 있는 거라면 장학금을 받을 거야." 그녀는 결심했다. "내가 문학사가 되면 매튜 아저씨가 자랑스러워하지 않으시겠어? 아, 꿈이 있다는 건 즐거운 일이야. 이런 꿈이 많아서 정말 기뻐. 그리고 꿈을 꾸는 데는 끝이 없어 보여. 그게 가장 좋은 점이지. 한 가지 꿈을 이루고 나면 더 높은 곳에서 여전히 반짝이는 또 다른 꿈이 보여. 그래서 사는 게 정말 재미있어."

—<빨간 머리 앤> 루시 모드 몽고메리, 34장

get to be a B.A. 문학사가 되다(get a B.A.)   ambition 꿈, 야망
attain to ~을 이루다, 성취하다(요즘은 to를 잘 쓰지 않음)   glitter 반짝이다

꿈이 있다는 건 정말 즐거운 일이야.

앤은 영어와 영문학 과목의 성적이 우수하면 받을 수 있는 장학금이 있다는 사실을 알고 대학에 진학하기로 결심한다. 사랑과 보살핌을 받지 못하던 고아 소녀 앤은 마릴라와 매튜의 따뜻한 지지와 관심을 통해 삶의 도전을 긍정적으로 받아들이며 이제 막 새로운 꿈과 미래를 향해 발걸음을 내딛으려 하고 있다.

노인과 바다   어니스트 헤밍웨이

I am sorry that I killed the fish though, he thought. Now the bad time is coming and I do not even have the harpoon. The dentuso is cruel and able and strong and intelligent. But I was more intelligent than he was. Perhaps not, he thought. Perhaps I was only better armed. "Don't think, old man," he said aloud. "Sail on this course and take it when it comes."

—<The Old Man and the Sea> by Ernest Hemingway

...

이 물고기를 죽여서 미안하긴 하네, 하고 그는 생각했다. 이제 힘든 시간이 닥쳐올 텐데 작살조차 없구나. 덴투소는 잔인하고 유능하고 힘이 세고 머리가 좋지. 하지만 내가 더 머리가 좋았어. 어쩌면 그게 아니었을지도 몰라, 하고 그는 생각했다. 어쩌면 내가 좀 더 무장이 잘 되어 있었을 뿐일 수도 있어.
"생각은 그만해, 이 노인네야," 그가 큰 소리로 말했다. "이 방향으로 계속 배를 몰고 가다가 힘든 시간이 닥치면 그때 맞서 싸우면 돼."

—<노인과 바다> 어니스트 헤밍웨이

harpoon 작살   dentuso 덴투소(상어를 뜻하는 스페인어)   armed 무기를 갖춘, 무장한

어려움이 닥치면 그때 맞서 싸우면 돼.

산티아고는 수많은 고난과 마주한다. 바다에서의 고독, 도구의 부족, 상어 떼의 위협, 그 어느 하나 만만치 않다. 이번에는 상어의 공격으로 가장 중요한 무기인 작살마저 잃은 상태다. 물고기를 죽인 것을 미안해하고 상어 떼의 습격을 예감하지만 다가올 어려움에 미리 불안해하기보다 지금 할 수 있는 일에 집중하기로 한다. 삶을 대하는 지혜는 모든 것을 통제하려 애쓰는 데 있는 것이 아니라 삶에서 마주하는 어려움에 흔들리지 않고 맞서는 용기에 있을 것이다.

독일인의 사랑 막스 뮐러

How mankind defers from day to day the best it can do, and the most beautiful things it can enjoy, without thinking that every day may be the last one, and that lost time is lost eternity!

—<Memories: A Story of German Love> by Max Müller,
translated by George P. Upton, Seventh Memory

...

사람은 어찌하여 자신이 할 수 있는 최고의 일과 즐길 수 있는 가장 아름다운 것들을 하루하루 미루며, 매일이 마지막 날이 될 수도 있고 잃어버린 시간은 잃어버린 영원과도 같다는 사실을 생각하지 않을 수 있는가!

—〈독일인의 사랑〉 막스 뮐러 지음, 조지 P. 업튼 번역, 일곱 번째 회상

mankind 인류, 사람들   defer 미루다   eternity 영원

잃어버린 시간은 잃어버린 영원과도 같다.

소설속의 화자인 '나'는 마리아를 돌보는 의사의 권유로 마리아를 떠나 여행길에 오른다. 하지만 병약한 몸으로 하루하루 생명줄을 간신히 붙들고 살아가는 마리아에게 사랑을 고백하지 못한 채 작별 인사조차 하지 못하고 떠나보내게 될까봐 두려운 마음이 든다. 결국, 시간은 영원하지 않으며 잃어버린 시간은 다시 돌아오지 않는다는 사실을 깨닫고 마리아를 만나러 돌아온다. 우리는 늘 더 나은 순간을 기다리며 가장 소중한 일을 뒤로 미루지만 소중한 사람에게 지금 마음을 표현하고, 지금 이 순간을 온전히 살아가는 것이야말로 삶을 가장 의미 있고 충만하게 살아가는 길일 것이다.

생각의 지혜

비밀의 화원 프랜시스 호지슨 버넷

Much more surprising things can happen to anyone who, when a disagreeable or discouraged thought comes into his mind, just has the sense to remember in time and push it out by putting in an agreeable determinedly courageous one. Two things cannot be in one place.
"Where you tend a rose, my lad, A thistle cannot grow."

—<The Secret Garden> by Frances Hodgson Burnett, Chapter 27

...

불쾌하거나 의기소침한 생각이 떠오르면, 때맞춰 기억해서 유쾌하고 결연한 용기가 담긴 생각을 떠올리는 것으로 그런 생각을 밀어내는 분별력을 가진 사람에게는 누구나 훨씬 더 많은 놀라운 일이 생길 수 있다. 두 가지가 한곳에 있을 수 없는 법이다.
"장미를 가꾸는 곳에는, 얘야, 엉겅퀴가 자랄 수 없단다."

—〈비밀의 화원〉 프랜시스 호지슨 버넷, 27장

disagreeable 불쾌한   agreeable 유쾌한   determinedly 단호하게, 결연히   tend (식물을) 가꾸다

장미를 가꾸는 곳에 엉겅퀴는 자랄 수 없다.

<비밀의 화원(1909)>은 메리가 인도에서 부모를 잃고 영국 시골의 대저택에 사는 고모부에게 보내지면서 이야기가 시작된다. 부모의 사랑을 받지 못해 외롭고 고집불통이던 메리와 엄마를 잃고 아버지의 사랑을 받지 못한 채 자신은 곧 죽게 될 것이라고 굳게 믿던 콜린이 변화되는 모습을 담았다. 상처받은 두 아이들은 자연과의 교감과 긍정적인 생각의 힘으로 몸과 마음이 건강하게 치유되어 간다. 인용한 구절은 긍정적인 생각의 힘과 마음가짐의 전환이 삶에 얼마나 큰 영향을 미치는지에 대해 저자가 독자에게 알려 주는 부분이다. 마지막 문장은 이 소설의 주제 중의 하나로, 부정적인 생각을 몰아내고 긍정과 용기를 마음에 품으면 부정적인 생각은 사라질 수밖에 없다는 사실을 은유적으로 표현하고 있다.

월든 헨리데이빗소로

Public opinion is a weak tyrant compared with our own private opinion. What a man thinks of himself, that it is which determines, or rather indicates, his fate.

—<Walden> by Henry David Thoreau, Economy

...

대중의 의견은 우리 자신의 개인적인 의견에 비하면 나약한 폭군이다. 자신을 어떻게 생각하는지 바로 그것이 운명을 결정하고, 더 정확히 말하자면 자신의 운명을 나타낸다.

—〈월든〉 헨리 데이빗 소로, 경제

tyrant 폭군   compared with ~와 비교하여   that it is which 그것이 바로 ~하는 것이다(that is what)
indicate 나타내다

내가 생각하는 모습대로 살게 된다.

인용한 구절에서 소로는 외부의 의견보다 개인의 자기 인식이 인간의 삶과 운명에 더 결정적인 영향을 미친다고 말한다. 그는 사람이 자기 자신을 어떻게 생각하느냐가 그 사람의 운명을 결정하거나 운명이 어떻게 될지를 보여 준다고 주장한다. 외부의 평가나 사회의 기준보다 자기 자신에 대한 믿음이 삶의 방향과 의미, 삶의 질 등을 좌우한다는 의미이다. 이는 자기 인식이 인간의 삶을 형성하는 핵심 요소임을 시사한다.

사람이 생각하는 대로 제임스 앨런

MAN'S mind may be likened to a garden, which may be intelligently cultivated or allowed to run wild; but whether cultivated or neglected, it must, and will, bring forth. If no useful seeds are put into it, then an abundance of useless weed-seeds will fall therein, and will continue to produce their kind.

—<As a Man Thinketh> by James Allen,
Effect of Thought on Circumstances

...

사람의 마음은 정원과 비슷해서, 지혜롭게 가꿀 수도 있고 제멋대로 자라도록 내버려둘 수도 있다. 하지만 가꾸든 내버려두든, 반드시 무언가는 생겨나게 된다. 쓸모 있는 씨앗을 정원에 심지 않으면, 쓸모없는 수많은 잡초 씨앗이 그 안에 떨어져서 같은 종류를 계속해서 생겨나게 할 것이다.

—〈사람이 생각하는 대로〉 제임스 앨런, 생각이 환경에 미치는 영향

be likened to ~에 비유되다   run wild 제멋대로 자라다   bring forth 생겨나게 하다
an abundance of 많은   therein 그 안에

사람의 마음은 정원과도 같다.

제임스 앨런은 <사람이 생각하는 대로>에서 생각의 중요성을 반복해서 강조한다. 인용한 구절에서는 마음을 정원에 비유하여 우리의 생각을 어떻게 관리하느냐에 따라 삶의 결과가 달라질 수 있다고 말한다. 훌륭한 정원을 가지려면 잡초를 뽑아 주고 예쁜 꽃씨를 뿌려 정성껏 가꾸듯이, 훌륭한 삶을 살려면 부정적인 생각은 뿌리 뽑아 버리고 긍정적이고 바른 생각을 품어야 한다는 뜻이다. 특히, 정원에 아무것도 심지 않는다 해도 무언가는 생겨나게 되어 있다는 비유를 통해 의식적으로 좋은 생각을 품어야 한다는 통찰이 돋보인다.

데미안 헤르만 헤세

The man you would like to kill is never really Mr. So and So, that is really only a disguise. When we hate a man, we hate in him something which resides in us ourselves. What is not in us does not move us.

—<Demian> by Hermann Hesse, an anonymous translation (published in New York in 1923), Chapter 6

...

당신이 죽이고 싶어 하는 사람은 결코 특정한 누군가가 아닙니다. 그것은 단지 위장일 뿐입니다. 우리가 누군가를 미워할 때, 그 사람에게서 우리 자신 안에 있는 무언가를 미워하는 것입니다. 우리 안에 없는 것은 우리를 움직이지 않습니다.

—<데미안> 헤르만 헤세 지음, 번역자 미상(1923년 뉴욕 출판), 6장

Mr. So and So 아무개, 특정한 누군가   disguise 위장   reside in ~에 존재하다

우리 안에 없는 것은 우리를 움직이지 않는다.

인용한 구절은 데미안 외에 싱클레어의 정신적 성장에 중요한 영향을 미치는 인물인 피스토리우스가 한 말이다. 피스토리우스는 신학을 공부하다가 그만두고 목사 대신 교회의 오르간 연주자가 되는 길을 택하는 인물로, 싱클레어가 내면에서 일어나는 어두운 충동과 부정적 감정까지 수용하도록 이끄는 조언자 역할을 한다. 살인이나 불결한 행위에 대한 충동이 일어날 때, 그것이 자신 안의 아브락사스(선과 악을 모두 포함하는 신성) 때문임을 인식하라고 말한다. 인용한 구절은 우리가 타인에게 느끼는 부정적인 감정이 실제로는 우리 자신의 내면을 반영하는 것이라고 설명하고 있다. 누군가 미워질 때 이 문장을 떠올리면 자신의 감정을 객관화해서 바라봄으로써 감정을 통제하고 다스리는 데 도움이 될 것이다.

부를 얻는 과학 월러스 D. 와틀스

Guard your speech. Never speak of yourself, your affairs, or of anything else in a discouraged or discouraging way. Never admit the possibility of failure, or speak in a way that infers failure as a possibility. Never speak of the times as being hard, or of business conditions as being doubtful. Times may be hard and business doubtful for those who are on the competitive plane, but they can never be so for you; you can create what you want, and you are above fear.

—<The Science of Getting Rich> by Wallace D. Wattles, Chapter 16

...

말을 조심하라. 자신에 대해서나 자신의 일에 대해, 혹은 그 이외의 어떤 것에 대해서도 힘이 빠진 듯한 태도나 상대를 기운 빠지게 하는 방식으로 말하지 마라. 실패 가능성을 인정하거나 실패할 수도 있다는 것을 암시하는 식으로도 말하지 마라. 지금이 힘든 시기라거나 사업 환경이 불확실하다는 말을 하지 마라. 경쟁의 차원에 있는 사람에게는 상황이 어려울 수 있고 사업이 불확실할 수 있지만, 당신에게는 절대 그럴 수가 없다. 당신은 원하는 것을 만들어 낼 수 있고 두려움을 초월해 있다.

—〈부를 얻는 과학〉 월러스 D. 와틀스, 16장

guard 지키다, 조심하다   affairs 일   admit 인정하다   infer 암시하다   plane 차원

말에는 힘이 있다.

월러스 D. 와틀스는 '언어의 힘'을 강조하며, 말하는 방식이 곧 우리의 사고와 현실을 만들어 낸다고 주장한다. 인용한 구절에서도 볼 수 있듯이 현실을 묘사하지 말고, 원하는 것을 말하라고 한다. 패배주의적인 말투와 실패 가능성을 암시하는 말은 하지 말라고 한다. 부정적인 말은 그 자체로 자기 암시가 되어 실패를 끌어당기기 때문이다. 또한, '경쟁의 차원'이란 자원이 한정되어 있고 남과 경쟁해야만 얻을 수 있다고 믿는 세계관이다. 어떤 말을 하느냐에 따라 원하는 것을 만들어 낼 수 있는 세계로 옮겨 갈 수 있다고 말한다.

언어의 지혜

비밀의 화원 프랜시스 호지슨 버넷

"Of course there must be lots of Magic in the world," he said wisely one day, "but people don't know what it is like or how to make it. Perhaps the beginning is just to say nice things are going to happen until you make them happen. I am going to try and experiment."

—<The Secret Garden> by Frances Hodgson Burnett, Chapter 23

...

"물론 세상에는 수많은 마법이 있을 거야." 어느 날 그가 의젓하게 말했다. "하지만 사람들은 마법이 어떤 건지, 마법을 어떻게 부리는지 몰라. 어쩌면 그 시작은 좋은 일이 일어나게 만들 때까지 좋은 일이 일어날 거라고 계속 말하기만 하면 되는 걸 수도 있어. 나는 실험을 해 볼 거야."

—<비밀의 화원> 프랜시스 호지슨 버넷, 23장

wisely 현명하게, 지혜롭게   **experiment** 실험, 실험하다

마법은 긍정적인 말을 하는 것으로부터 시작된다.

<비밀의 화원>은 언어, 생각, 신념의 힘이 어떻게 현실을 변화시킬 수 있는지 보여 준다. 자기 연민에 빠진 채 누워만 지내던 병약한 아이 콜린은 삶의 기쁨과 희망을 찾아가는 건강한 아이로 성장한다. 인용한 구절은 콜린이 언어의 힘과 긍정적인 마음가짐의 중요성을 깨닫는 장면이다. 콜린이 말하는 '마법'은 현실을 변화시키는 긍정적 언어의 힘을 의미한다. 작가는 의식적으로 긍정적인 말을 선택하고 선언하는 행위가 우리의 내면을 변화시키고 원하는 현실을 만들어 가는 힘이 있다는 메시지를 전하고 있다.

벤저민 프랭클린 자서전 벤저민 프랭클린

There was another bookish lad in the town, John Collins by name, with whom I was intimately acquainted. We sometimes disputed, and very fond we were of argument, and very desirous of confuting one another, which disputatious turn, by the way, is apt to become a very bad habit, making people often extremely disagreeable in company by the contradiction that is necessary to bring it into practice; and thence, besides souring and spoiling the conversation, is productive of disgusts and, perhaps enmities where you may have occasion for friendship.

—<Autobiography of Benjamin Franklin> by Benjamin Franklin, Chapter 2

...

우리 마을에는 책을 좋아하는 아이가 하나 더 있었는데 이름이 존 콜린스였고 나는 그와 무척 친하게 지냈다. 우리는 가끔 말싸움을 벌였고, 논쟁하는 걸 무척 좋아해서 서로 상대가 틀렸다는 걸 입증하고 싶어 했다. 그런데 이런 논쟁을 좋아하는 성향은 나쁜 습관이 되기 쉽고 논쟁을 실행하는 데 필요한 반박으로 인해 함께 있는 자리에서 사람들을 극도로 불쾌하게 만드는 일이 종종 생긴다. 그리고 이로 인해 대화를 기분 나쁘게 만들고 망치게 될 뿐 아니라, 우정이 필요할 수 있는 상황에 혐오감과 어쩌면 적대감이 생길 수도 있다.

—<벤저민 프랭클린 자서전> 벤저민 프랭클린, 2장

acquainted 알고 있는   dispute 논쟁하다   be fond of ~을 좋아하다   desirous of ~을 원하는
confute 논박하다   disputatious 논쟁을 좋아하는   be apt to ~하기 쉽다   in company 사람들과 있을 때   thence 그러므로(hence)   sour 악화시키다   productive of ~을 초래하는   enmity 적대감

잦은 논쟁은 나쁜 습관으로 발전하기 쉽다.

벤저민 프랭클린은 잦은 논쟁이 상대방과의 대화를 불편하게 만들고 불필요한 갈등을 일으키며, 결국엔 우정이 자리잡아야 할 관계에서조차 적대감을 불러일으킬 수 있다고 지적한다. 프랭클린 자서전에는 어린 시절부터 논쟁을 즐기도록 아버지에게 교육을 받아 논쟁에 뛰어난 사람의 예도 나온다. 그의 아버지가 매일 저녁 자녀들끼리 논쟁하게 하고 지켜보는 걸 좋아했다고 한다. 덕분에 논쟁을 좋아하고 승리를 자주 얻게 되었지만 사람들의 호의를 얻진 못했다. 프랭클린은 반박으로 상대방을 꼼짝 못하게 하는 사람은 일이 잘 풀리는 경우를 별로 못 봤다고 하면서, 논쟁을 즐기는 태도는 현명하지 못하며 장기적으로는 더 큰 손해를 가져올 수 있다고 말한다.

오만과 편견 제인 오스틴

Vanity and pride are different things, though the words are often used synonymously. A person may be proud without being vain. Pride relates more to our opinion of ourselves; vanity to what we would have others think of us.

―<Pride and Prejudice> by Jane Austen, Chapter 5

...

허영과 오만은 다른 거예요, 비록 그 단어들이 종종 혼용되긴 하지만요. 사람은 허영심이 없더라도 오만할 수 있어요. 오만은 우리 자신에 대한 의견과 더 관련이 있고, 허영은 다른 사람들이 우리에 대해 어떻게 생각하길 바라는지와 관련이 있죠.

―〈오만과 편견〉 제인 오스틴, 5장

synonymously 동의어로   vain 허영심이 많은   relate to ~와 관련이 있다

허영과 오만은 다르다.

<오만과 편견>에 등장하는 다섯 자매는 각각 성격과 가치관이 뚜렷하게 구분된다. 흥미로운 점은 첫째 제인과 둘째 엘리자베스를 제외한 나머지 셋을 결함이 있는 풍자의 대상으로 묘사하고 있다는 것이다. 셋째 메리는 자신이 가장 못생겼다는 콤플렉스 때문에 책을 읽으며 지식과 교양을 쌓고 자신의 존재감을 드러내려 애쓰는 인물로 그려진다. 인용한 구절은 메리가 자신의 학식을 뽐내며 '허영'과 '오만'의 차이를 설명하는 장면이다. 오만한 사람은 타인을 무시하는 태도를 보일 수 있으나 반드시 인정받고자 하는 것은 아니다. 그러나 허영심이 강한 사람은 끊임없이 타인의 시선에 갇혀 살며 인정받기 위해 스스로를 포장하고 조명받기를 갈망한다. 메리는 자신이 바로 그런 허영심을 가진 사람이라는 사실을 알고 있었을까.

분별의 지혜

죄와 벌 표도르 도스토옙스키

Nothing in the world is harder than speaking the truth and nothing easier than flattery. If there's the hundredth part of a false note in speaking the truth, it leads to a discord, and that leads to trouble. But if all, to the last note, is false in flattery, it is just as agreeable, and is heard not without satisfaction. It may be a coarse satisfaction, but still a satisfaction. And however coarse the flattery, at least half will be sure to seem true.

—<Crime and Punishment> by Fyodor Dostoyevsky, translated by Constance Garnett, Part 6, Chapter 4

• • •

이 세상에서 진실을 말하는 것보다 어려운 일은 없고, 아첨하는 것보다 쉬운 일도 없습니다. 진실을 말할 때는 백분의 일이라도 거짓된 음조가 섞이면 불협화음이 생기고, 결국 문제를 일으키지요. 하지만 아첨에서는 마지막 한 음까지 모두 거짓이라 해도 똑같이 기분 좋고, 만족스럽지 않게 들리는 법이 없습니다. 듣기 조잡한 만족에 불과할지라도 여전히 만족스럽지요. 그리고 아무리 조잡한 아첨이라 해도, 최소한 절반은 진실처럼 들리게 마련입니다.

—<죄와 벌> 표도르 도스토옙스키 지음, 콘스턴스 가넷 번역, 6부, 4장

flattery 아첨   note 음, 음조, 어조   discord 불협화음   agreeable 만족스러운, 듣기 좋은
coarse 거친, 조잡한

> 정직한 말보다 어려운 일은 없고, 아첨하는 것만큼 쉬운 일도 없다.

인용한 구절은 <죄와 벌>에서 비열하고 부도덕한 인물인 스비드리가일로프가 주인공 라스콜니코프의 여동생 두냐와 관련된 일을 회고하는 장면 중 일부이다. 자신의 죄를 참회하고 구원에 이르는 라스콜니코프와 달리, 스비드리가일로프는 죄의식 없이 자신의 욕망을 추구하는 인간의 모습을 보여 준다. 그는 여성을 유혹하는 데 있어 가장 강력한 수단은 아첨이라 말하며 그 이유를 이렇게 설명한다. 진실은 조금의 거짓만 섞여도 쉽게 불협화음을 일으키지만 아첨은 모두 거짓이라도 듣기 좋고 사람들의 마음을 얻는 데 효과적이기 때문이라고 말이다. 비록 도덕적으로 타락한 인물이지만 듣기 좋은 거짓말을 진실보다 더 쉽게 받아들이는 인간의 심리를 꿰뚫고 있음을 알 수 있다.

1984 조지오웰

And if all others accepted the lie which the Party imposed—if all records told the same tale—then the lie passed into history and became truth. 'Who controls the past,' ran the Party slogan, 'controls the future: who controls the present controls the past.' And yet the past, though of its nature alterable, never had been altered. Whatever was true now was true from everlasting to everlasting. It was quite simple. All that was needed was an unending series of victories over your own memory.

—<1984> by George Orwell, Chapter 1, 2

...

다른 사람들 모두 당이 강요하는 거짓말을 받아들인다면—만약 모든 기록이 똑같은 말을 한다면—그 거짓말은 역사 속으로 들어가 진실이 되는 것이다. 당의 슬로건은 말한다. '과거를 지배하는 자가 미래를 지배한다. 현재를 지배하는 자가 과거를 지배한다.' 그러나 과거는 그 본질이 바뀔 수 있음에도 결코 바뀐 적이 없었다. 현재의 진실이 영원히 진실이다. 원리는 간단했다. 끝없이 계속해서 사람들의 기억을 정복하기만 하면 되는 것이다.

—<1984> 조지 오웰, 1장 2

impose 강요하다   tale 이야기   alter 변경하다   everlasting 영원한   unending 끝없는

역사 속에 포함된 거짓은 진실이 된다.

권력은 사람들을 지속적으로 결핍과 고통 속에 두면서 저항할 수 있는 정신적 에너지를 빼앗아 간다. <1984>는 단순한 정치 소설이 아니라 인간 존재의 취약성과 이를 악용하는 권력의 메커니즘을 통찰하는 작품이다. 감시 사회(Big Brother), 언어 조작(Newspeak, Oldspeak), 이중사고(doublethink), 사상범죄(thoughtcrime) 등의 개념을 통해 전체주의 정권이 개인을 어떻게 억압하는지 그려 낸다. 인용한 구절은 권력이 어떻게 진실을 통제하고 개인의 기억과 사고를 장악하는지 보여 주고 있다. 거짓이라 할지라도 모두가 그것을 믿고 기억하면 그것이 곧 '진실'이 된다는 건, 어쩌면 우리가 사는 세상에서 생각보다 흔히 일어나는 일인지도 모른다.

Part 09
감정

행복

벤저민 프랭클린 자서전 벤저민 프랭클린

Human felicity is produced not so much by great pieces of good fortune that seldom happen, as by little advantages that occur every day.

—<Autobiography of Benjamin Franklin> by Benjamin Franklin, Chapter 13

...
인간은 어쩌다 한 번 찾아오는 커다란 행운보다 매일 생기는 작은 이익에서 행복을 느낀다.
—<벤저민 프랭클린 자서전> 벤저민 프랭클린, 13장

felicity 행복   not so much A as B A라기보다는 B   fortune 행운   occur 발생하다, 일어나다

인간은 일상의 작은 이익에서 더 큰 행복을 느낀다.

프랭클린은 인간의 행복이 단번에 찾아오는 거대한 행운보다는 일상에서 반복되는 작은 이점들에 의해 더 많이 좌우된다고 말한다. 이 인용문의 바로 앞에는 프랭클린이 관찰한 일상의 사소한 불편함들을 어떻게 해결해서 사람들에게 도움을 주었는지 자세히 밝히고 있다. 프랭클린은 우리의 삶에서 지속적인 만족과 행복감은 매일 반복되는 일상에서 누리는 편안함에서 비롯된다고 생각했다.

오즈의 마법사 L 프랭크 바움

"While I was in love I was the happiest man on earth; but no one can love who has not a heart, and so I am resolved to ask Oz to give me one. If he does, I will go back to the Munchkin maiden and marry her." Both Dorothy and the Scarecrow had been greatly interested in the story of the Tin Woodman, and now they knew why he was so anxious to get a new heart.

"All the same," said the Scarecrow, "I shall ask for brains instead of a heart; for a fool would not know what to do with a heart if he had one."

"I shall take the heart," returned the Tin Woodman; "for brains do not make one happy, and happiness is the best thing in the world."

—〈The Wonderful Wizard of Oz〉 by L. Frank Baum, Chapter 5

...

"사랑에 빠졌을 때 나는 세상에서 가장 행복한 남자였어. 하지만 심장이 없는 사람은 사랑을 할 수 없으니까 오즈에게 심장을 달라고 하기로 결심했지. 심장을 주면 먼치킨 아가씨에게 돌아가서 그녀와 결혼할 거야."

도로시와 허수아비는 양철 나무꾼의 이야기가 매우 흥미로웠고 그가 새로운 심장을 간절히 원하는 이유를 이제 알게 되었다.

"그렇긴 해도," 허수아비가 말했다. "나는 심장 말고 뇌를 달라고 할 거야. 바보는 심장이 있어도 그걸로 무엇을 할지 모를 테니까."

"나는 심장을 받을 거야." 양철 나무꾼이 말을 되받았다. "뇌는 행복하게 해 주지 못하고 행복은 세상에서 가장 좋은 것이니까."

—〈오즈의 마법사〉 L 프랭크 바움, 5장

be resolved to ~하기로 결심하다   maiden 아가씨, 처녀(문예체)   all the same 그래도, 그렇긴 해도

행복해지기 위해 필요한 것은.

양철 나무꾼과 허수아비의 대화는 '행복해지는 데 필요한 건 무엇인가'라는 주제에 대해 상반된 관점을 제시한다. 양철 나무꾼은 행복이 사랑을 느낄 수 있는 심장에서 나온다고 믿고, 허수아비는 지성, 즉 두뇌에서 비롯된다고 여긴다. 양철 나무꾼과 허수아비는 둘 다 똑같이 심장과 두뇌가 없지만 각자 더 중요하다고 생각하는 행복의 조건은 다르다. 행복이 감성에서 비롯되든 지성에서 비롯되든 우리는 자신의 가장 큰 결핍을 채워줄 수 있는 그 무언가를 행복의 조건이라고 믿으며 살아가고 있는 건 아닐까.

행복

키다리 아저씨 진 웹스터

Oh, I'm developing a beautiful character! It droops a bit under cold and frost, but it does grow fast when the sun shines. That's the way with everybody. I don't agree with the theory that adversity and sorrow and disappointment develop moral strength. The happy people are the ones who are bubbling over with kindliness.

—<Daddy-Long-Legs> by Jean Webster, from a letter of May 30

•••
아, 저는 아름다운 성품을 기르고 있어요! 아름다운 성품은 추위와 서리에는 조금 시들지만, 햇빛이 비치면 정말 빠르게 자라나요. 모든 사람이 마찬가지예요. 저는 역경과 슬픔, 실망이 강한 정신력을 길러 준다는 주장에 동의하지 않아요. 행복한 사람들이야말로 친절함이 넘쳐 나는 사람들이에요.

—<키다리 아저씨> 진 웹스터, 5월 30일 편지 중에서

droop 시들다 frost 서리 theory 이론, 주장 adversity 역경 moral strength (강한) 정신력
bubble over with ~으로 넘쳐 나다 kindliness 친절함(kindness)

행복한 사람들은 친절함으로 넘쳐 난다.

주디는 고아원에서 자랄 때는 따뜻한 배려나 애정을 받아 보지 못했으나 후원자의 지원으로 안정된 생활을 하게 되면서 마음의 여유를 갖게 된다. 대학에 진학하여 좋은 옷을 입고, 친구들을 사귀고, 혼자만의 방에서 책을 읽고 글을 쓰는 새로운 일상이 시작되자 그녀의 내면은 풍요로워진다. 행복을 느끼게 된 주디는 이제부터 다른 사람들에게 친절하겠다고 다짐한다. 고난이 사람을 단단하게 만든다는 기존의 믿음을 거부하며 행복하고 따뜻한 환경이 사람을 친절하고 선하게 만든다는 사실을 깨달은 것이다. 자신이 행복해야 다른 사람에게 친절을 베풀 여유도 생긴다.

행복

젊은 베르테르의 슬픔 요한 볼프강 폰 괴테

"I shall see her today!" I exclaim with delight, when I rise in the morning, and look out with gladness of heart at the bright, beautiful sun. "I shall see her today!" And then I have no further wish to form: all, all is included in that one thought.

―<The Sorrows of Young Werther> by Johann Wolfgang von Goethe, translated by R.D. Boylan, from a letter of July 19

・・・

"오늘 그녀를 만날 거야!" 나는 기쁨에 차서 외친다네. 아침에 일어나서 기쁜 마음으로 밝고 아름다운 태양을 내다보면서 말이야. "오늘 그녀를 만날 거야!" 하고 나면 더 이상 바랄 것이 없어. 모든 것, 모든 것이 바로 그 하나의 생각에 포함되니까.

―〈젊은 베르테르의 슬픔〉 요한 볼프강 폰 괴테 지음, R.D. 보일런 번역, 7월 19일 편지 중에서

I shall 나는 ~할 거야(I will)　　exclaim 외치다　　delight 기쁨

모든 소망과 행복은 그녀와의 만남으로부터.

사랑에 빠진 베르테르에게 로테는 세상의 전부이다. 그의 삶은 모두 그녀를 향해 있다. 아침에 떠오르는 태양을 보며 느끼는 기쁨조차 로테를 만날 수 있다는 기대감에서 비롯되는 것이다. 베르테르에게 있어 그녀와의 만남은 삶을 의미 있게 만드는 절대적 중심이다. 인용한 구절은 하루의 시작과 함께 사랑하는 사람과의 만남을 기대하며 순수하고 벅찬 행복을 느껴 본 경험을 떠올리게 한다. 사랑하는 사람을 만날 수 있다는 설렘과 기대는 평범한 일상마저 특별한 순간으로 바꿔 놓는다.

슬픔과 외로움

폭풍의 언덕 에밀리 브론테

And I pray one prayer—I repeat it till my tongue stiffens—Catherine Earnshaw, may you not rest as long as I am living; you said I killed you—haunt me, then! The murdered do haunt their murderers, I believe. I know that ghosts have wandered on earth. Be with me always—take any form—drive me mad! Only do not leave me in this abyss, where I cannot find you! Oh, God! It is unutterable! I cannot live without my life! I cannot live without my soul!

—<Wuthering Heights> by Emily Brontë, Chapter 16

...

그리고 나는 한 가지 기도를 해—내 혀가 뻣뻣해질 때까지 그 기도를 되풀이하겠어—캐서린 언쇼, 내가 살아있는 한 편안하게 잠들지 못하기를. 내가 당신을 죽였다고 했지, 귀신이 되어 나에게 나타나 봐, 그럼! 살해당한 사람은 자신을 살해한 사람에게 귀신으로 나타난다고 나는 믿어. 귀신들이 지상에서 배회한다는 걸 알고 있지. 나와 함께 있어 항상—어떤 모습을 하든지—나를 미치게 만들라고! 당신을 찾을 수 없는 이 심연에 나를 남겨 두지만 마! 오, 하나님! 말로 표현할 수가 없습니다! 제 생명 없인 살 수 없습니다! 제 영혼 없인 살 수 없습니다!

—<폭풍의 언덕> 에밀리 브론테, 16장

stiffen 뻣뻣해지다   the murdered 살해된 사람들   haunt (유령 등이) 나타나다
wander 배회하다, 떠돌다   abyss 심연   unutterable 말로 표현할 수 없는

당신이 이 세상에 없다는 사실은 슬픔보다 더한 심연.

인용한 구절은 히스클리프가 캐서린의 죽음을 슬퍼하며 절망적으로 외치는 장면이다. 극심한 상실감과 그로 인한 광적인 집착, 그리고 그녀 없이는 살아갈 수 없다는 절망적인 심정이 강렬하게 표현되어 있다. '심연'이라는 단어는 그 깊이를 가늠할 수 없는 절망과 공허감, 슬픔이라는 감정조차 담아낼 수 없는 극한의 상태임을 나타낸다. <폭풍의 언덕>이 단순히 낭만적인 로맨스가 아니라 강렬한 감정과 광기, 비극적인 사랑, 복수와 집착이 뒤섞인 작품임을 잘 보여 주고 있는 장면이다.

슬픔과 외로움

크리스마스 선물 오헨리

Three times Della counted it. One dollar and eighty-seven cents. And the next day would be Christmas.
There was clearly nothing to do but flop down on the shabby little couch and howl. So Della did it. Which instigates the moral reflection that life is made up of sobs, sniffles, and smiles, with sniffles predominating.

—〈The Gift of the Magi〉 by O. Henry

...

델라는 세 번 세어 보았다. 1달러 87센트. 그리고 그다음 날은 크리스마스였다.
낡고 작은 소파에 주저앉아 엉엉 우는 것 말고는 어쩔 도리가 없는 게 분명했다. 그래서 델라는 그렇게 했다. 이것은 삶이 흐느낌과 훌쩍거림과 미소로 이루어져 있고, 훌쩍거릴 때가 더 많다는 교훈이 생각나게 한다.

—〈크리스마스 선물〉 오 헨리

---

flop down 털썩 주저앉다   shabby 낡은, 초라한   howl 울부짖다   instigate 유발하다, 부추기다
moral reflection 도덕적 성찰, 교훈   sob 흐느낌   sniffle 훌쩍임   predominate 우세하다

인생은 훌쩍거릴 때가 더 많다고 느껴졌다.

오 헨리의 작품에는 가난하고 소외된 사람들에 대한 따뜻한 시선이 담겨 있다. 하루하루를 어렵게 살아가는 인물들의 소박한 꿈과 희망, 삶의 애환, 그리고 그들의 삶 속에서 발견되는 인간적인 가치를 따뜻하고 유머러스하게 그려 냈다. 단편 소설 <크리스마스 선물>의 도입부에 나오는 이 짧은 문장은 인생의 본질적인 속성을 보여 주고 있다. 델라가 가진 돈 전부를 세어 보며 절망에 빠져 소파에 털썩 주저앉아 우는 장면은 우리가 인생에서 마주하게 되는 슬픔을 떠올리게 한다. 미소와 웃음 뒤에 숨겨진 수많은 눈물과 훌쩍거림, 그것이 바로 우리가 살아가는 삶의 모습인지도 모른다.

슬픔과 외로움

프랑켄슈타인 메리셸리

'Hateful day when I received life!' I exclaimed in agony. 'Accursed creator! Why did you form a monster so hideous that even you turned from me in disgust? God, in pity, made man beautiful and alluring, after his own image; but my form is a filthy type of yours, more horrid even from the very resemblance. Satan had his companions, fellow devils, to admire and encourage him; but I am solitary and abhorred.'

—〈Frankenstein〉 by Mary Shelley, Chapter 15

...

"내가 생명을 받은 저주스러운 날!" 나는 고뇌에 차서 외쳤소. "저주받은 창조주여! 왜 당신조차도 혐오하며 내게서 고개를 돌리는 끔찍한 괴물을 만들었소? 하나님은 불쌍히 여기는 마음으로 인간을 아름답고 보기 좋게 그의 형상대로 만드셨지. 그러나 나의 모습은 인간 모습에 대한 더러운 모방일 뿐이며, 그 닮은 점 때문에 더욱 끔찍하오. 사탄에게는 자신을 우러러봐 주고 격려해 줄 동료 악마라도 있지만 나는 혼자이고 미움받는 존재일 뿐이오."

—〈프랑켄슈타인〉 메리 셸리, 15장

exclaim 외치다   agony 고뇌, 괴로움   accursed 저주받은   hideous 끔찍한   alluring 매혹적인
filthy 불결한   solitary 혼자의   abhor 혐오하다, 미워하다

나는 외롭고 혐오받는 존재입니다.

프랑켄슈타인이 만들어 낸 괴물은 태어난 순간부터 외로움을 경험한다. 자신의 존재가 창조주조차 외면할 만큼 혐오스럽다는 사실에 절망하며, 인간과 닮았지만 끔찍한 외모 때문에 결코 받아들여질 수 없는 자신의 처지를 비통하게 받아들인다. 그 어디에도 속할 수 없는 존재라는 사실에 대해 고통과 극단적인 고립감을 느낀다. 존재를 거부당한 이에게 외로움은 단순한 고독이 아니라 극심한 절망과 고통이 될 수 있음을 보여 준다. 관계 맺음의 가능성이 차단된 존재에게 외로움은 가장 깊은 절망인 것이다.

슬픔과 외로움

프랑켄슈타인 메리셸리

I have no friend, Margaret: when I am glowing with the enthusiasm of success, there will be none to participate my joy; if I am assailed by disappointment, no one will endeavour to sustain me in dejection. I shall commit my thoughts to paper, it is true; but that is a poor medium for the communication of feeling. I desire the company of a man who could sympathize with me, whose eyes would reply to mine. You may deem me romantic, my dear sister, but I bitterly feel the want of a friend.

—<Frankenstein> by Mary Shelley, Letter 2

...

난 친구가 없어, 마가렛. 내가 성공에 대한 열정으로 빛날 때 기쁨을 함께할 사람이 아무도 없을 거야. 내가 실망으로 괴로울 때 실의에 빠진 나를 기운 나게 해 주려는 사람이 아무도 없을 거야. 내 생각을 종이에 적으면 되지, 맞는 말이야. 하지만 그건 감정을 나누기에는 형편없는 매개체야. 공감해 주고 눈길을 마주쳐 줄 수 있는 사람이 함께 있으면 좋겠어. 나를 너무 감상적이라고 생각할 수도 있지만, 사랑하는 누이여, 친구가 필요하다는 사실을 절감하고 있어.

—<프랑켄슈타인> 메리 셸리, 편지 2

participate ~에 참여하다(participate in)　　be assailed by ~로 괴롭다　　sustain 지탱하다, 위로하다
dejection 실의, 낙담　　medium 매개체　　company 동반　　sympathize with ~에 공감하다
deem ~라고 여기다　　bitterly feel 절감하다

나와 공감할 수 있는 사람, 나의 동반자가 필요해요.

<프랑켄슈타인>은 이야기가 여러 개 들어 있는 독특한 전개 방식을 가진 소설이다. 인용한 구절의 화자인 로버트 월튼은 북극 탐험을 떠나는 영국의 선장으로, 탐험을 통해 인간이 미지의 세계를 정복할 수 있다는 믿음을 가지고 있는 인물이다. 자신의 경험을 누이 마가렛에게 편지로 전하면서 이야기를 이끌어 가는 역할을 한다. 월튼은 북극 탐험을 준비하면서 자신의 이상과 지적 열망을 함께 나누고 감정을 교류할 수 있는 동반자를 간절히 바라고 있다. 자신의 눈을 마주 보며 공감해 줄 사람을 간절히 원하지만 그러한 존재가 없기에 더욱 쓰라린 외로움을 느낀다. 이러한 외로움은 북극 탐험 중에 프랑켄슈타인을 만나게 되면서 부분적으로 해소되긴 하지만 작품 전반적으로 반복되고 있는 '고립'이라는 주제의 서막을 알리는 부분이기도 하다.

마지막 잎새 오헨리

"It is the last one," said Johnsy. "I thought it would surely fall during the night. I heard the wind. It will fall today, and I shall die at the same time."
"Dear, dear!" said Sue, leaning her worn face down to the pillow, "think of me, if you won't think of yourself. What would I do?"
But Johnsy did not answer. The lonesomest thing in all the world is a soul when it is making ready to go on its mysterious, far journey.

—<The Last Leaf> by O. Henry

...

"마지막 잎이구나." 존시가 말했다. "간밤에 분명히 떨어질 줄 알았는데. 바람 소리를 들었거든. 오늘 떨어지겠네, 그럼 나는 그와 동시에 죽게 될 거야."
"세상에, 세상에!" 수가 핼쑥한 얼굴을 베개에 기대며 말했다. "내 생각을 좀 해 봐, 네 생각을 안 하려면 말이야. 나는 어떡하란 말이니?"
하지만 존시는 대답하지 않았다. 이 세상에서 가장 외로운 존재는 알 수 없는 먼 곳으로 떠날 준비를 하고 있는 영혼인 것이다.

—<마지막 잎새> 오헨리

worn 지친, 핼쑥한   lonesomest 가장 외로운(loneliest)   make ready 준비하다(get ready)

가장 외로운 건 알 수 없는 먼 곳으로 떠나려는 영혼이다.

<마지막 잎새>에서 존시는 폐렴에 걸린 채 침대에 누워 창밖의 담쟁이 잎을 바라본다. 마지막 잎새가 떨어지는 순간 자신의 생명도 끝날 것이라고 믿으며 절망에 빠져 있다. '알 수 없는 먼 곳으로 떠나려는 영혼이 가장 외롭다'는 이 문장은 죽음을 앞둔 인간의 슬픔과 외로움을 간결하면서도 깊이 있게 드러낸다. 이런 절망적인 상황 속에서 존시가 느끼는 감정은 바로 이 세상과의 단절, 그리고 미지의 세계로 홀로 떠나야 한다는 깊은 슬픔과 고독감일 것이다.

투명 인간 H.G. 웰스

The more I thought it over, Kemp, the more I realised what a helpless absurdity an Invisible Man was—in a cold and dirty climate and a crowded civilised city. Before I made this mad experiment I had dreamt of a thousand advantages. That afternoon it seemed all disappointment. I went over the heads of the things a man reckons desirable. No doubt invisibility made it possible to get them, but it made it impossible to enjoy them when they are got. Ambition— what is the good of pride of place when you cannot appear there?

—〈The Invisible Man〉 by H.G. Wells, Chapter 23

· · ·

생각해 볼수록, 켐프, 투명 인간이 얼마나 무기력하고 터무니없는 존재인지 더 깨닫게 되더군—춥고 불결한 기후와 사람들로 북적이는 문명화된 도시에서 말이야. 이 미친 실험을 하기 전에는 천 가지의 유리한 점을 꿈꾸었어. 그날 오후에는 모두 실망스러워 보였지. 인간이 바라는 게 어떤 것들인지 하나하나 살펴봤어. 보이지 않음으로써 그런 것들을 얻을 수 있다는 건 의심의 여지가 없었지만, 얻게 되었을 때는 즐길 수 없었어. 야망이라는 것—그 자리에 나타날 수 없는데 자랑스러운 지위가 무슨 소용이 있겠어?

—〈투명 인간〉 H.G. 웰스, 23장

absurdity 어리석음, 터무니없음   go over the heads of ~을 살펴보다   reckon ~라고 여기다
desirable 탐나는   invisibility 투명함, 보이지 않음   what is the good of ~이 무슨 소용인가?

욕망의 끝은 또 다른 욕망일 뿐이다.

H.G. 웰스(1866-1946, 영국)는 대표작 <타임머신(1895)>, <모로 박사의 섬(1896)>, <투명 인간(1897)>, <우주전쟁(1898)> 등을 통해 과학의 힘이 인간에게 어떤 의미이며 어떤 비극을 초래할 수 있는지를 다루었다. <투명 인간>은 과학자 그리핀이 빛의 굴절률을 바꾸는 실험을 통해 투명 인간이 되는 데 성공하지만, 시간이 지나면서 통제할 수 없는 광기에 휩싸이고 결국 비극적인 결말을 맞는 이야기이다. 인용한 구절은 투명 인간이 대학 동창 켐프에게 하는 말이다. 투명해지는 능력으로 세상에서 원하는 모든 것을 얻으려 했지만, 막상 그 능력을 가지자 원하는 것을 얻더라도 제대로 누릴 수 없음을 깨닫고 절망한다. 투명 인간은 권력과 자율성을 얻고 싶은 야망 때문에 모든 것을 희생했지만 그 결과는 철저한 고립과 파멸이었다. 야망은 어쩌면 성취했을 때보다 이루어 가는 과정에서 더 큰 만족을 주는지도 모른다. 충족된 욕망은 또 다른 욕망을 부를 뿐이다.

톰 소여의 모험 마크트웨인

Tom swept his brush daintily back and forth—stepped back to note the effect—added a touch here and there—criticised the effect again—Ben watching every move and getting more and more interested, more and more absorbed. Presently he said:
"Say, Tom, let me whitewash a little."
[…]
He had discovered a great law of human action, without knowing it—namely, that in order to make a man or a boy covet a thing, it is only necessary to make the thing difficult to attain.

—<The Adventures of Tom Sawyer> by Mark Twain, Chapter 2

…
톰은 붓을 우아하게 앞뒤로 움직였다. 그 효과를 잘 보려고 뒤로 물러섰다가 여기저기에 붓질을 한 번 더 해 주고는 괜찮은지 다시 평가해 보았다. 벤은 모든 움직임을 지켜보면서 점점 더 흥미가 생겼고 점점 더 빠져들었다. 이윽고 그가 말했다.
"야, 톰, 나도 좀 칠해 보자."
(…)
톰은 자신도 모르는 사이에 인간 행동에 관한 중요한 법칙을 발견했다. 그 법칙은 바로, 어른이든 아이든 무언가를 간절히 원하게 하려면, 얻기 어렵게 만들기만 하면 된다는 것이다.

—<톰 소여의 모험> 마크 트웨인, 2장

sweep (붓을) 움직이다   daintily 우아하게   note 주목하여 살펴보다   absorbed 몰입한
presently 이윽고   whitewash 흰 페인트를 칠하다   covet 탐내다, 간절히 원하다

얻기 어려울수록 더 욕망한다.

<톰 소여의 모험>에는 얻기 어려울수록 더 욕망하게 되는 인간의 심리가 유쾌하게 묘사되어 있다. 장난꾸러기 톰은 벌로 담장 칠하기 일을 맡게 된다. 하지만 기지를 발휘해 이 일을 마치 놀이처럼 보이게 만든다. 붓을 능숙하게 움직이고, 효과를 감상하고, 이따금 비평하는 모습을 보여 줌으로써 주변에 있던 친구 벤의 관심을 끌어내고, 더욱더 간절히 원할 때까지 애를 태우다가 마지못해 페인트칠을 넘겨주는 체한다. 결국 더 많은 아이들이 동참하게 되고 그 대가로 온갖 뇌물까지 받아 가며 순식간에 '담장 칠하기' 일을 끝마친다. 이 일로 톰은 사람들이 무언가를 원하게 만들려면, 그것을 얻기 어렵고 특별한 것으로 보이게 하면 된다는 심리를 깨닫게 된다. 사람은 흔한 것보다 얻기 어려운 것에 더 큰 가치를 둔다. 제한된 기회, 희소성이 있는 물건, 특별해 보이는 경험 등은 인간의 욕망을 더 자극한다.

욕망과 자만심

벤저민 프랭클린 자서전   벤저민 프랭클린

In reality there is perhaps no one of our natural passions so hard to subdue as pride. Disguise it, struggle with it, beat it down, stifle it, mortify it as much as one pleases, it is still alive, and will every now and then peep out and show itself. You see it perhaps often in this history. For even if I could conceive that I had completely overcome it, I should probably be proud of my humility.

―<Autobiography of Benjamin Franklin> by Benjamin Franklin, Chapter 9

사실 우리가 타고난 본성 중에서 자만심만큼 억누르기 힘든 것도 없을 것이다. 아무리 감추고, 힘겹게 싸우고, 내리누르고, 억누르고, 없애려 해도, 여전히 살아서 때때로 고개를 내밀고 자신의 모습을 드러낸다. 이 글에서도 자주 보게 될지 모른다. 내가 자만심을 완전히 극복했다는 생각을 품더라도, 겸손을 자랑하는 것일 수 있기 때문이다.

―<벤저민 프랭클린 자서전> 벤저민 프랭클린, 9장

subdue 억제하다   peep out 살짝 내다보다   in this history 이 이야기에서(in this story)
conceive 생각하다

자만심은 아무리 애를 써도 쉽게 사라지지 않는다.

벤저민 프랭클린은 우리가 가진 본성 중에 자만심이 얼마나 통제하기 어려운 감정인지를 점점 더 강한 동작으로 묘사하고 있다. 감추고, 씨름하고, 내리누르고, 질식시키고, 심지어 죽도록 괴롭혀도 기어이 나타난다고 한다. 겸손이라는 미덕조차도 그것을 달성했다는 생각을 떠올리는 순간 또 다른 형태의 자만심이 되고 만다는 점에 대해서도 언급하고 있다. 이와 같이 자만심은 평생을 절제하며 살아온 프랭클린조차 떨쳐 내지 못한 감정으로, 우리의 내면에 깊숙이 자리하고 있는 감정이다.

그리움과 열정

키다리 아저씨 진 웹스터

It is funny how certain places get connected with certain people, and you never go back without thinking of them.

　　　—<Daddy-Long-Legs> by Jean Webster, from a letter of April 4

...

어떤 장소는 어떤 사람과 연결되어서, 그 장소에 다시 가면 그 사람을 꼭 떠올리게 되는 게 참 신기해요.

　　　　　　　　　　—<키다리 아저씨> 진 웹스터, 4월 4일 편지 중에서

certain 특정한, 어떤　　get connected with ~와 연결되다, 연관되다

장소는 사람을 떠올리게 한다.

주디는 저비(Jervie)가 키다리 아저씨라는 사실을 꿈에도 모른 채 그에게 호감을 가지게 된다. 록 윌로우 농장에서 함께 음식을 해 먹으며 즐거운 시간을 보냈던 바위를 다시 보게 되자 그를 떠올리고 그리워한다. 그리움은 단순히 누군가의 부재를 인식하는 것이 아니라 그 사람과 함께했던 시간과 경험, 함께 있었던 장소에 대한 복합적인 감정이라고 할 수 있다. 특히 추억이 깃든 장소는 그곳에서 함께 시간을 보냈던 사람을 떠올리게 만드는 힘을 가지고 있다.

외투   니콜라이 고골

It would be difficult to find another man who lived so entirely for his duties. It is not enough to say that Akaky laboured with zeal; no, he laboured with love. In his copying, he found a varied and agreeable employment. Enjoyment was written on his face; some letters were even favourites with him; and when he encountered these, he smiled, winked, and worked with his lips, till it seemed as though each letter might be read in his face, as his pen traced it.

—<The Cloak> by Nikolai Gogol, translated by Constance Garnett

...

그토록 완전하게 자신의 업무를 위해 사는 사람을 또 찾기는 어려울 겁니다. 아카키가 열정적으로 일했다는 말로는 충분하지 않습니다. 그보다, 그는 사랑으로 일했습니다. 정서하는 동안 그는 여러 가지 즐거운 일을 발견했습니다. 얼굴에는 즐거움이라고 쓰여 있었고 심지어 어떤 글자들은 특히 더 그의 마음에 들었습니다. 그래서 이 글자들을 만나면 마치 글자 하나하나가 얼굴에서 읽힐 수 있을 것 같을 때까지 글자를 따라 쓰면서 미소 짓고 눈을 깜빡이고 입술을 움직여 가며 일했습니다.

—<외투> 니콜라이 고골 지음, 콘스턴스 가넷 번역

labour 일하다(labor)   with zeal 열의를 가지고   copy 따라 쓰다, 정서하다   employment 일

열정적으로 일했을 뿐 아니라 사랑으로 일했습니다.

아카키는 러시아 관청에서 근무하는 하급 관리이다. 주요 업무인 정서하는 일은 상관이 지시한 문서를 그대로 깨끗하고 정확하게 다른 종이에 옮겨 적는 작업이다. 자유로움이 철저히 배제된 단순 노동이지만 아카키에게는 그 이상의 의미를 지닌 삶의 중심이자 열정의 대상이었다. 이 무료하고 지루해 보이는 일에서 자신만의 의미와 즐거움을 찾아내 순수하고 깊은 애정을 가지고 열정적으로 일한다. 어쩌면 그에게는 단순한 업무가 아니라 스스로에게 자신의 존재 가치를 확인시키는 유일한 방식이었는지도 모르겠다.

Part 10

영감의 원천

자기만의 방 버지니아울프

Thus a novel starts in us all sorts of antagonistic and opposed emotions. Life conflicts with something that is not life. Hence the difficulty of coming to any agreement about novels, and the immense sway that our private prejudices have upon us. On the one hand, we feel You—John the hero—must live, or I shall be in the depths of despair. On the other, we feel, Alas, John, you must die, because the shape of the book requires it. Life conflicts with something that is not life. Then since life it is in part, we judge it as life.

—〈A Room of One's Own〉 by Virginia Woolf, Chapter 4

...

이와 같이 소설은 우리 안에 온갖 종류의 대립하고 상반되는 감정을 불러일으킵니다. 삶은 삶이 아닌 것과 충돌합니다. 그리하여 소설에 관한 어떤 합의에도 이르기 어렵고, 우리의 개인적인 편견이 지대한 영향을 끼칩니다. 한편으로는, '주인공 존, 당신은 살아야 해. 그렇지 않으면 내가 깊은 절망에 빠지게 될 테니까.'라고 느낍니다. 다른 한편으로는, '안타깝지만, 존, 당신은 죽어야 해. 왜냐면 서사의 구조가 그렇게 요구하니까.'라고 느낍니다. 삶이 삶이 아닌 무언가와 충돌하는 겁니다. 그럼에도 소설이 부분적으로는 삶이기도 하기 때문에, 우리는 소설을 삶이라고 판단합니다.

—〈자기만의 방〉 버지니아 울프, 4장

antagonistic 대립하는   opposed 상반되는   immense sway 큰 영향력
on the one hand 한편으로는   despair 절망   on the other 다른 한편으로는(hand 생략)
alas 아~ (안타까움을 나타내는 문예체의 감탄사)

소설은 우리 안에서 대립하고 상반되는 감정을 불러일으킨다.

버지니아 울프는 소설이 우리 안에 상반된 감정을 불러일으킨다고 말한다. 소설은 우리의 삶과는 다르지만 삶의 일부와 유사한 이야기를 통해 내면의 다양한 감정을 자극한다. 주인공의 운명에 감정 이입하여 살아남기를 간절히 바라거나 필연적인 죽음을 받아들여야 하는 심리적 갈등을 겪게 된다. 바로 이러한 갈등이 소설이 지닌 힘이다. 이처럼 소설은 독자 개개인의 내면에 존재하는 복합적인 감정을 건드리며 더욱 폭넓은 시각으로 인간과 삶을 바라보게 한다. 소설은 단순히 이야기를 전달하는 것 이상의 영감을 주고 우리 마음속에 사유의 공간을 만들어 내는 매개체가 된다.

월든 헨리 데이빗 소로

No wonder that Alexander carried the Iliad with him on his expeditions in a precious casket. A written word is the choicest of relics. It is something at once more intimate with us and more universal than any other work of art. It is the work of art nearest to life itself. It may be translated into every language, and not only be read but actually breathed from all human lips;—not be represented on canvas or in marble only, but be carved out of the breath of life itself.

—<Walden> by Henry David Thoreau, Reading

•••

알렉산더 대왕이 <일리아드>를 소중한 상자에 넣어 원정길에 가지고 다녔다는 사실은 전혀 놀랍지 않다. 글은 가장 소중한 유물이다. 우리에게 더 친근하면서도 다른 어떤 예술 작품보다 더 보편적이다. 삶 자체에 가장 가까운 예술 작품인 것이다. 어느 언어나 번역될 수 있고, 읽힐 수 있을 뿐 아니라 모든 사람의 입술에서 실제로 말이 되어 나오기도 한다. 캔버스나 대리석에만 표현될 수 있는 게 아니고, 생명 그 자체의 숨결로도 새겨질 수 있다.

—<월든> 헨리 데이빗 소로, 독서

no wonder ~은 그럴 만하다　　expedition 원정, 탐험　　casket 작은 상자
choicest 최고의, 가장 소중한　　relic 유물　　at once A and B A이면서 동시에 B이기도 한
intimate with ~와 친밀한　　not only A but B A뿐만 아니라 B도

글은 인간의 삶과 가장 가까운 예술이다.

소로는 문자 언어로 기록된 말, 즉 글이 모든 예술 가운데 가장 삶과 밀접하게 닿아 있는 예술이라고 말한다. 그는 알렉산더 대왕이 원정 중에도 <일리아드>를 소중히 간직한 일화를 언급하며, 글이 단순한 기록을 넘어 시대와 장소를 초월해 우리의 삶과 가장 깊이 연결되는 예술이라고 강조한다. 글은 언제 어디서나 번역되어 공유될 수 있으며 회화나 조각처럼 눈으로만 감상하는 예술과 달리, 언어를 통해 누구나 말하고 숨 쉴 수 있는 형태로 존재한다. 이러한 관점에서 소로는, 글을 삶 그 자체에서 비롯된 가장 친밀하고도 보편적인 예술로 여긴다.

적과 흑 스탕달

[…] a novel is a mirror which goes out on a highway. Sometimes it reflects the azure of the heavens, sometimes the mire of the pools of mud on the way, and the man who carries this mirror in his knapsack is forsooth to be accused by you of being immoral! His mirror shows the mire, and you accuse the mirror! Rather accuse the main road where the mud is, or rather the inspector of roads who allows the water to accumulate and the mud to form.

—<The Red and the Black> by Stendhal, translated by Horace Barnett Samuel, Chapter 49

…

(…) 소설은 고속도로에 나서는 거울과 같다. 때로는 하늘의 푸르름을 비추고, 때로는 길 위 진흙 웅덩이에 있는 진흙을 비춘다. 그런데도 이 거울을 가방에 넣고 다니는 사람이 부도덕하다고 비난을 받아야 한단 말인가! 그 사람의 거울은 진흙을 보여 줄 뿐인데도, 거울을 탓하다니! 차라리 진흙이 있는 큰 도로를, 아니면 차라리 물이 고여 진흙이 생기도록 내버려둔 도로 관리자를 비난하십시오.

—<적과 흑> 스탕달 지음, 호레이스 바넷 새뮤얼 번역, 49장

reflect 반영하다, 비추다   azure 하늘색   mire (끈적하고 더러운) 진흙   forsooth 과연, 정말(고어)
accuse 비난하다   immoral 부도덕한   inspector 검사관   accumulate 쌓이다

소설은 길을 비추는 거울일 뿐이다.

문학의 본질과 역할을 간결하면서도 강력하게 드러내는 비유로 <적과 흑>에서 자주 인용되는 유명한 구절이다. 스탕달이 작중 인물의 입을 통해 소설에 대한 비판에 반박하며 소설의 기능을 옹호하는 장면이다. '소설은 길을 비추는 거울일 뿐이다'라는 비유를 통해 소설은 삶의 아름답고 긍정적인 측면뿐만 아니라 추악한 현실까지도 가감 없이 드러내는 역할을 한다고 말한다. 이러한 현실 반영에 대해 독자들이 소설, 즉 '거울'을 탓할 것이 아니라 물이 고여 진창을 만들도록 방치한 '도로 관리자', 즉 사회 시스템이나 부조리를 방치하는 권력자들을 비난해야 한다고 주장하고 있다. 실제로 스탕달은 이 작품에 '19세기의 연대기'라는 부제를 붙였을 정도로 당시의 사회상을 거울에 비추듯 사실적으로 그려 냈다.

첫사랑 이반 투르게네프

"'That it is impossible not to love,'"—repeated Zinaída.—"That is why poetry is so nice; it says to us that which does not exist, and which is not only better than what does exist, but even more like the truth.... 'That it is impossible not to love'?—I would like to, but cannot!"

—〈First Love〉 by Ivan Turgenev,
translated by Isabel Florence Hapgood, Chapter 9

...

"사랑하지 않을 수 없는," 지나이다가 (시의 한 구절을) 반복했다. "그래서 시가 너무나도 멋진 거예요. 시는 존재하지 않는 것을 우리에게 말해 주고, 실제로 존재하는 것보다 더 나을 뿐 아니라 진실에 훨씬 더 가까워요……. '사랑하지 않을 수 없는'? 그렇게 하고 싶지만, 할 수가 없어요!"

—〈첫사랑〉 이반 투르게네프 지음, 이사벨 플로렌스 햅굿 번역, 9장

impossible not to ~하지 않을 수 없는   poetry 시

시는 현실보다 더 진실하다.

<첫사랑(1860)>은 러시아의 소설가 투르게네프(1818-1883)의 자전적 소설이다. 열여섯 살의 블라디미르가 스물한 살인 이웃집 여성 지나이다를 짝사랑하게 되면서 겪는 감정의 혼란과 성장을 섬세하게 그려 낸 작품이다. 지나이다는 여러 남성의 구애를 받지만 자기 파괴적인 사랑에 빠지게 되는데, 소설을 읽다 보면 그 대상이 밝혀지는 장면에서 깜짝 놀라게 된다. 인용한 구절은 블라디미르가 읽어 주는 푸시킨의 시 <조지아의 언덕에서>를 듣고 있던 지나이다가 그 시에 나오는 구절을 되뇌면서 시에 대한 자신의 생각을 말하는 장면이다. 사랑을 하고 싶지만 할 수 없다는 지나이다의 말은 자신이 처한 상황에 대한 모순적인 감정을 표현한다. 시는 '사랑하지 않을 수 없다'는 이상적인 감정을 이야기하지만, 현실에서는 반드시 그렇게 되는 것이 아님을 말하고 있다.

마지막 잎새 오헨리

Mr. Behrman died of pneumonia today in the hospital. He was ill only two days. The janitor found him on the morning of the first day in his room downstairs helpless with pain. His shoes and clothing were wet through and icy cold. They couldn't imagine where he had been on such a dreadful night. And then they found a lantern, still lighted, and a ladder that had been dragged from its place, and some scattered brushes, and a palette with green and yellow colors mixed on it, and—look out the window, dear, at the last ivy leaf on the wall. Didn't you wonder why it never fluttered or moved when the wind blew? Ah, darling, it's Behrman's masterpiece—he painted it there the night that the last leaf fell.

—〈The Last Leaf〉 by O. Henry

• • •

베어먼 아저씨가 오늘 병원에서 폐렴으로 돌아가셨어. 이틀 동안만 아프셨지. 건물 관리인이 첫날 아침 아래층에 있는 베어먼 아저씨 방에서 고통으로 무력해진 상태의 아저씨를 발견했어. 신발과 옷은 흠뻑 젖어 있었고 얼음처럼 차가웠어. 그런 끔찍한 밤에 아저씨가 어디에 있었는지 짐작조차 할 수 없었대. 그러고 나서 여전히 불이 켜진 랜턴, 원래 있던 자리에서 끌어다 놓은 사다리, 여기저기 흩어져 있는 붓, 그리고 초록색과 노란색이 섞인 팔레트를 발견한 거야. 창문 밖을 내다봐, 얘, 벽에 남은 마지막 담쟁이 잎을. 바람이 부는데 왜 펄럭이거나 움직이지 않는지 궁금하지 않았니? 아, 친구야, 그건 베어먼 아저씨의 걸작품이야. 마지막 잎이 떨어진 그날 밤에 거기 그려 놓으신 거야.

—〈마지막 잎새〉 오헨리

pneumonia 폐렴   **janitor** 수위, 건물 관리인   **scattered** 흩어진   **flutter** 펄럭이다

생의 마지막 걸작, 위대한 희생이 되다.

<마지막 잎새>는 삶의 희망, 헌신, 그리고 예술의 가치를 감동적으로 그려 낸 작품이다. 특히 이야기의 결말에서 밝혀지는 늙은 화가 베어먼의 마지막 행적은 '그림'이라는 매개체를 통해 인간이 보여 줄 수 있는 가장 숭고한 희생과 예술의 진정한 의미를 되새기게 한다. 베어먼은 평생 걸작을 완성하지 못하고 좌절감 속에 살아온 노인이었다. 그의 삶은 어쩌면 실패와 고독으로 점철되어 있었을지도 모른다. 하지만 그는 젊은 화가 존시에게 삶의 희망을 불어넣는 '걸작'을 남긴다. 캔버스 위에 그려진 화려한 그림이 아니라 폭풍우가 치는 밤 차가운 벽돌담에 그려 넣은 단 하나의 담쟁이 잎이었다.

그림

도리언 그레이의 초상   <small>오스카 와일드</small>

"Harry," said Basil Hallward, looking him straight in the face, "every portrait that is painted with feeling is a portrait of the artist, not of the sitter. The sitter is merely the accident, the occasion. It is not he who is revealed by the painter; it is rather the painter who, on the coloured canvas, reveals himself."

—<The Picture of Dorian Gray> by Oscar Wilde, Chapter 1

• • •

"해리," 바질 홀워드가 그의 얼굴을 똑바로 쳐다보며 말했다. "감정을 담아 그린 모든 초상화는 그 그림을 그린 화가의 초상화지, 모델로 앉아 있는 사람의 초상화가 아니야. 모델은 단지 우연히 일어난 일이고, 계기에 불과하지. 화가가 드러낸 사람은 모델이 아니야. 오히려 채색된 캔버스 위에 드러내는 건 화가 자신이야."

—<도리언 그레이의 초상> 오스카 와일드, 1장

sitter 앉아 있는 사람, 모델   merely 단지   accident 우연한 일   occasion 경우, 계기

화가는 자기 자신을 그린다.

우리가 어떤 그림을 보고 깊은 영감을 받는 이유는 그 그림 속에 담긴 화가의 진솔한 마음과 마주하기 때문일 것이다. 화가가 겪었던 고뇌와 열정, 환희와 슬픔이 고스란히 담긴 그림은 보는 이에게 공감을 불러일으키고 잊고 있었던 자신의 감정을 깨닫게 하며 새로운 용기와 희망을 선사하기도 한다. 익숙한 세상을 낯설게 바라보는 화가의 눈을 통해 새로운 관점을 얻고 틀에 박힌 사고에서 벗어나 창의적인 아이디어를 떠올릴 수도 있다. 그림은 예술가가 자기 자신과 마주한 흔적이다. 예술이란 결국 인간의 진심이 다른 사람에게 다가가는 방식인지도 모른다.

자연

별 알퐁스 도데

Around us the stars continued their silent way, docile as a flock, and at times I fancied that one of them, the most delicate, the most brilliant, had lost its way and had come down to rest upon my shoulder and sleep.

—<The Stars> by Alphonse Daudet,
translated by Katharine Prescott Wormeley

• • •

우리 주위로 별들이 한 무리의 양 떼처럼 온순하게 제 길을 따라 조용히 계속해서 움직이고 있었다. 그리고 때때로 나는 그중에서 가장 가녀리고, 가장 빛나는 별 하나가 길을 잃고 내려와 내 어깨 위에서 잠들었다는 상상을 하곤 했다.

—〈별〉 알퐁스 도데 지음, 캐서린 프레스콧 워믈리 번역

docile 온순한   flock 무리, 양 떼   fancy 상상하다   delicate 섬세한, 가녀린   brilliant 밝은, 빛나는

그 별들 중 가장 아름답고 빛나는 별 하나.

알퐁스 도데의 단편 <별>을 읽은 사람이라면 누구나 가슴 설레는 이 마지막 장면을 기억하고 있을 것이다. 산에서 홀로 양을 치던 스무 살의 '나'는 어느 날 하인을 대신해 식량을 가져다주러 온 주인집 딸 스테파네트 아가씨와 우연히 하룻밤을 보내게 된다. 밤하늘을 보며 별 이야기를 들려주는 동안 스테파네트는 '나'의 어깨에 기대어 잠이 든다. 잠든 스테파네트를 하늘의 가장 빛나는 별에 비유하며, 그녀가 자신의 어깨에 내려앉아 잠들었다고 상상한다. 밤하늘의 아름다움과 인간 내면의 순수한 감정을 서정적으로 그려 내고 있는 마지막 장면은 문학적인 여운을 더하며, 이 작품이 한 폭의 그림처럼 오래도록 마음에 남게 한다.

벚꽃동산 안톤체호프

GAEV. The sun's set, ladies and gentlemen.
TROFIMOV. Yes.
GAEV. [Not loudly, as if declaiming] O Nature, thou art wonderful, thou shinest with eternal radiance! Oh, beautiful and indifferent one, thou whom we call mother, thou containest in thyself existence and death, thou livest and destroyest....

―<The Cherry Orchard> by Anton Chekov,
translated by Julius West, Act 2

...

가예프 해가 졌습니다, 여러분.
트로피모프 그렇군요.
가예프 [나지막한 목소리로, 낭독하듯이]: 오, 자연이여, 경이롭도다! 영원한 광채로 빛나는 도다! 아, 이토록 아름답고도 무심한 존재여, 우리가 어머니라 부르는 이여, 그대 안에 존재와 죽음을 품고 있으며, 살고 또한 파괴하는 도다……

―<벚꽃동산> 안톤 체호프 지음, 줄리어스 웨스트 번역, 2막

declaim 낭독하다   thou art you are(고어)   shinest 빛나다(고어, shine)   radiance 광채
indifferent 무심한   containest 담고 있다(고어, contain)   thyself yourself(고어)
livest 살다(고어, live)   destroyest 파괴하다(고어, destroy)

삶과 죽음을 품은 경이로운 자연이여.

가예프는 빚 때문에 경매로 넘어갈 위기에 처한 벚꽃 동산 영지의 안주인 류보프의 오빠이다. 농노의 아들이었지만 신흥 자산가로 변모한 로파힌은 별장을 짓도록 임대하면 벚꽃 동산을 지킬 수 있다고 그들을 여러 차례 설득한다. 하지만 농노 해방 이후 시대의 변화에 적응하지 못하고 현실 감각조차 없는 그들은 제안을 받아들이지 않는다. 류보프는 어린 시절을 그리워하기만 하고 경매가 있는 날에도 파티를 벌인다. 가예프는 그저 자연의 경이로움과 무심함을 읊조릴 뿐이다. 이 장면은 흰 벚꽃이 만개한 벚꽃 동산과 붉게 물든 석양이 어우러진 풍경을 배경으로, 몰락해 가는 귀족 계층의 운명과 지는 태양의 모습이 절묘하게 겹쳐 보이게 한다.

상상력

그리스 항아리에 부치는 노래 존 키츠

Ode on a Grecian Urn

Heard melodies are sweet, but those unheard
Are sweeter; therefore, ye soft pipes, play on;
Not to the sensual ear, but, more endear'd,
Pipe to the spirit ditties of no tone

—<Lamia, Isabella, the Eve of St. Agnes, and Other Poems>
by John Keats, an excerpt from "Ode on a Grecian Urn"

...

그리스 항아리에 부치는 노래

들리는 멜로디도 감미롭지만, 들리지 않는 멜로디는
더욱 감미롭다. 그러니, 작은 소리로 연주하는 피리들이여, 계속 연주하라.
육신의 귀가 아니라, 그보다 더 사랑스러운
영혼을 향해 소리 없는 노래를 연주하라.
—<라미아, 이사벨라, 성 아그네스 전야, 그리고 기타 시들> 존 키츠, 그리스 항아리에 부치는 노래 중에서

ye you(고어)   **sensual** 감각적인   **endear'd** 소중한, 사랑스러운(endeared)   **ditty** 노래

304

들리지 않는 멜로디는 더 감미롭다.

영국의 낭만주의 시인 존 키츠(1795-1821)는 감각적인 이미지와 풍부한 비유를 사용하여 독자의 감각을 자극하는 데 뛰어나다는 평가를 받고 있다. <그리스 항아리에 부치는 노래(1820)>는 키츠의 대표작 중 하나로 고대 그리스의 아름다운 항아리에 새겨진 그림들을 보면서 느끼는 감정과 생각을 담고 있다. 현실의 노랫소리는 우리의 감각을 즐겁게 하지만, 상상 속에서 울려 퍼지는 멜로디는 더욱 완벽하고 순수하다는 의미이다. 키츠는 이 시에서 진정한 아름다움은 감각적인 경험을 넘어 우리의 상상 속에서 더욱 아름답고 풍부하게 느껴질 수 있다고 말한다.

상상력

파랑새 　모리스 마테를링크

All mothers are rich when they love their children… There are no poor mothers, no ugly ones, no old ones. Their love is always the most beautiful of the Joys… And, when they seem most sad, it needs but a kiss which they receive or give to turn all their tears into stars in the depths of their eyes…

—<The Blue Bird> by Maurice Maeterlinck,
translated by Alexander Teixeira de Mattos, Act 4, Scene 2

…

모든 어머니들은 자식을 사랑할 때 풍요롭단다……. 가난한 어머니도, 추한 어머니도, 늙은 어머니도 없지. 어머니의 사랑은 모든 기쁨들 중에 언제나 가장 아름다워. 그리고 어머니들이 매우 슬퍼 보일 때 자식들에게 받거나 해 주는 한 번의 입맞춤만 있으면, 모든 눈물이 눈 속 깊은 곳에서 별이 된단다…….

—〈파랑새〉 모리스 마테를링크 지음, 알렉산더 테이셰이라 드 마토스 번역, 4막 2장

it needs but ~만으로 충분하다(it only needs 혹은 all it needs)　　turn A into B A를 B로 바꾸다

306

아이들의 입맞춤은 어머니의 눈물을 반짝이는 별로 바꾼다.

1911년에 노벨 문학상을 수상한 모리스 마테를링크(1862-1949, 벨기에)의 대표작 <파랑새(1909)>는 틸틸(Tyltyl)과 미틸(Mytyl) 남매가 행복의 상징인 파랑새를 찾기 위해 환상의 여행을 떠나 추억의 나라, 행복의 궁전 등을 방문하며 우리가 삶에서 경험하는 여러 상징적인 인물들을 만나는 여정을 그리고 있다. 결국 아이들은 집에 돌아와 파랑새가 멀리 있는 것이 아니라 자신의 일상 속에 이미 존재하고 있었다는 깨달음을 얻는다. 인용한 구절은 삶의 행복과 기쁨들이 인격화된 존재로 등장하는 장면에서 '모성애'로 인격화된 등장인물의 말이다. 어머니의 사랑이 가장 숭고하고 찬란한 형태의 기쁨이며 슬픔조차도 자녀의 입맞춤 한 번이면 별처럼 빛나는 행복한 감정으로 바뀐다고 말한다.

피터 팬 제임스 매튜 배리

"You see, Wendy, when the first baby laughed for the first time, its laugh broke into a thousand pieces, and they all went skipping about, and that was the beginning of fairies."
Tedious talk this, but being a stay-at-home she liked it. "And so," he went on good-naturedly, "there ought to be one fairy for every boy and girl." "Ought to be? Isn't there?" "No. You see children know such a lot now, they soon don't believe in fairies, and every time a child says, 'I don't believe in fairies,' there is a fairy somewhere that falls down dead."

—<Peter Pan> by James Matthew Barrie, Chapter 3

...

"있잖아, 웬디, 이 세상에서 맨 처음 태어난 아기가 처음으로 웃었을 때, 그 웃음소리가 천 개의 조각으로 쪼개져서 여기저기 폴짝거리며 뛰어다녔고 그렇게 요정이 생겨난 거야."
지루한 이야기일수도 있지만, 집에만 있다 보니 웬디는 이 이야기가 맘에 들었다. "그래서?" 피터가 다정하게 이야기를 이어 갔다. "모든 남자아이와 여자아이마다 원래 요정이 하나씩 있어야 하는 거야." "원래 있어야 한다고? 없다는 말이야?" "없어. 너도 알다시피 아이들은 이제 너무나 많은 것을 알고 있어서, 곧 요정을 믿지 않게 되고, 어떤 아이가 '난 요정을 믿지 않아'라고 말할 때마다 어딘가에서 요정 하나가 갑자기 죽어 버린단다."

—〈피터 팬〉 제임스 매튜 배리, 3장

skip about 여기저기로 뛰어다니다   good-naturedly 친절하게, 다정하게 아이들의 상상력 없이는 존재할 수 없는 것들이 있다.

인용한 구절은 피터가 웬디에게 이 세상에 요정이 생겨난 기원을 이야기해 주는 장면이다. 요정이 죽는다는 비유는 상상력의 소멸이 곧 아이들의 세계에서 무언가 중요한 것이 사라지는 일임을 의미할 것이다. '나는 요정을 믿지 않아'라는 아이의 말 한마디가 요정의 죽음을 의미한다는 비유는 어른들이 가진 현실적인 사고가 때로는 아이들만의 순수하고 아름다운 상상의 세계를 사라지게 만들 수도 있다는 메시지를 전하는 듯하다.

상상력

순수의 전조 윌리엄 블레이크

Auguries of Innocence

To see a world in a grain of sand
And a heaven in a wildflower,
Hold infinity in the palm of your hand
And eternity in an hour.

―<The Pickering Manuscript> by William Blake,
an excerpt from "Auguries of Innocence"

• • •
순수의 전조

한 알의 모래에서 세상을 보고
한 송이 들꽃에서 천국을 보려면,
무한을 그대 손에 쥐고
한 순간 속에 영원을 품어라.

―〈피커링 원고〉 윌리엄 블레이크 지음, 순수의 전조 중에서

augury 전조, 조짐   innocence 순수, 천진함   grain 낟알   infinity 무한함   eternity 영원

한 순간 속에 영원을 품어라.

영국의 시인이자 화가인 윌리엄 블레이크(1757-1827)의 '순수의 전조'는 132행으로 이루어진 긴 시로 그의 사후에 출판된 미발표 시집 <피커링 원고(1866)>에 수록되어 있다. 스티브 잡스가 좋아했던 시로도 유명하다. 인용한 구절은 그중에 첫 번째 네 줄로 가장 널리 알려진 부분이다. '순수의 전조'에 나오는 이 도입부는 독자로 하여금 시간과 공간의 제약을 넘어 무한한 상상의 나래를 펼치도록 초대한다. 상상력은 우리로 하여금 현실에서는 불가능한 꿈을 꾸게 한다.